MISTICISMO JUDÍO

La guía definitiva para entender la Cábala, el misticismo de la Merkabá y el jasidismo asquenazí

Índice

Introducción

El misticismo judío es un elemento perdurable en el judaísmo, con sus raíces en las escrituras hebreas y las revelaciones compartidas en sus libros, que emanan de los patriarcas de la fe, Abraham, Isaac y Jacob, y de los profetas.

Una pista importante sobre los misteriosos orígenes de esta tradición, perdida en gran parte por el tiempo, es la nación de Israel en el Sinaí. La solidaridad del pueblo judío y la experiencia directa de Dios en esta narración hablan de la unión esotérica de la divinidad con el pueblo elegido para llevar la palabra del Dios único al mundo, en forma de monoteísmo.

Este es el punto de partida fundamental del misticismo judío. En la tradición rabínica, el judaísmo se entiende como una relación entre Dios y la humanidad. Esta conceptualización exotérica de la divinidad como algo que existe fuera de los humanos, dirigiendo sus acciones y escuchando las súplicas de los fieles, es cuestionada por el misticismo judío.

En el modelo místico, la divinidad se "muestra" en la propia humanidad. Este panenteísmo antropomórfico (la idea de que todas las cosas están en Dios) es la base de las creencias y prácticas de la mística judía, uniendo sus diversas expresiones y escuelas de pensamiento.

En este libro, compartiremos un análisis detallado de las tradiciones místicas judías, que abarcan la Cábala, el misticismo de la Merkabá y el jasidismo asquenazí. En estas páginas, espero poder ofrecer una mirada más profunda a estas vibrantes y vivas tradiciones y a su inquietante belleza.

El mundo de la mística judía es rico, complejo y está lleno de la maravilla de contemplar aquello que no está más allá de nosotros, sino que forma parte de lo que somos, como personas. Exploremos una forma diferente de encontrar el misterio de lo divino, dándonos una nueva perspectiva sobre el jasidismo y sus muchas encarnaciones.

Capítulo 1: Mística judía – La corte del Altísimo

"El mundo está lleno de maravillas y milagros, pero el hombre toma su pequeña mano y cubre sus ojos, y no ve nada".

Israel Baal Shem Tov

Cuando oímos la palabra "místico", se nos ocurre pensar en un hombre mayor, delgado que separa sus apetitos físicos de los de su espíritu. Su barba le llega a las rodillas. Su pelo es largo y lleva un taparrabos mientras contempla la inmensidad de lo divino desde la seguridad de su cueva.

El misticismo es una forma intensamente íntima de acercarse a Dios y al conocimiento de Dios, que existe en todas las tradiciones de fe del mundo. Desde los sufíes del islam hasta las beguinas en el cristianismo y los jasidim del judaísmo, el misticismo es el abrazo del aliento divino, insuflado a la humanidad en la creación. Formado de la tierra y animado con el espíritu de la fuente, el misticismo encuentra en el relato de la creación en el Génesis 1, la verdad sobre el lugar de la humanidad – el hecho de que estamos genuinamente infundidos por lo divino.

En ese sentido, no hay arrogancia. Más bien hay una completa humildad y en esta humildad está el verdadero trabajo del misticismo - emplear esta vida humana en contacto con la fuente divina, buscando siempre la unión con ella.

Dos escuelas distintas con tres corrientes

El misticismo judío, tiene dos escuelas distintas. En la primera, el intelecto está centrado. Esta escuela del misticismo judío busca "trabajar en nombre de Dios" a través de la comprensión. La supremacía de la Torá refleja las tradiciones rabínicas, y el fundamento de los diez mandamientos como base de todo lo que ocurre en nuestra vida diaria. Esto se llama misticismo "moderado".

En la segunda escuela de creencia y práctica, el intelecto se deja a un lado, ya que el espíritu toma el control. El misticismo judío "intensivo" busca una experiencia directa con lo divino mediante la aplicación de prácticas no tradicionales como la meditación y el canto.

Aunque es difícil precisar los orígenes de la tradición mística judía, una lectura atenta de las escrituras hebreas revela fácilmente los "huesos" del misticismo judío. Las visiones y las experiencias directas de lo divino están presentes en esta literatura. En estos textos destaca el origen del misticismo de la Merkabá, como se ve en Ezequiel, capítulos 1 y 2, y en Isaías 6. Pero la influencia también puede leerse en el relato de la escalera de Jacob (Génesis 28) y de la lucha de Jacob con un ángel (Génesis 32:22-32; Oseas 12:4).

La palabra hebrea "Merkabá" significa "carro". La visión del carro en Ezequiel y la del trono de la divinidad en Isaías impulsaron la primera expresión conocida del misticismo judío, que trató de penetrar en los misterios de estas narraciones. Conocida como misticismo de la Merkabá, esta tradición se amplió posteriormente en la llamada literatura de "Hekhalot" (palacios). Mientras que el judaísmo rabínico admite que el trono de Dios puede ser abordado mediante el estudio de la Torá, el Midrash y el Talmud, el misticismo de la Merkabá buscó un enfoque más espiritual y menos definido intelectualmente, que surgió en los primeros siglos de la era común.

Estas dos escuelas se ramifican en tres corrientes, en cuanto a su expresión a través de la Cábala (el texto central del movimiento).

- Cábala especulativa – describe y comprende el mundo de lo divino.

- Cábala extática – busca la unión con Dios.

- Cábala mágica – invoca la presencia de Dios para perfeccionar el alma del creyente.

La literatura

La literatura clave del misticismo judío se analizará en este libro con más detalle. Pero para este capítulo, lo que sigue es un breve resumen.

La literatura de Hekhalot llega hasta nosotros desde la capa más temprana de lo que se ha reconocido como el misticismo judío. Mientras que algunos estudiosos dicen que el movimiento puede situarse en el período mishnáico (70-200 d. C.), otros lo reclaman para el período talmúdico (200-500 d. C.), en Palestina. Esta colección de literatura nos ha sido transmitida desde Babilonia durante el exilio.

Estos primeros místicos judíos se mantuvieron al margen de la mayoría de las tradiciones judías de la época, creyendo que podían ascender al trono de Dios mediante el empleo de himnos, oraciones y prácticas esotéricas como la invocación de los nombres de Dios, creando un estado de éxtasis al hacerlo.

Profundamente orientado hacia la magia en sus primeras expresiones, el intenso misticismo judío acabó cambiando y creciendo en diferentes direcciones. Estas expresiones están contenidas en la literatura cabalística temprana, como el Sar Torah. Los elementos mágicos fueron purgados de las Hekhalot posteriores (como, por ejemplo, el Tercer Libro de Enoc).

El misticismo de la Merkabá también se ocupaba de buscar el origen del universo. Para ello, se basó en gran medida en la filosofía griega, especialmente en el neoplatonismo. Esta incursión filosófica sincrética condujo a la aparición de la Cábala en la Edad Media.

Gershom Scholem, el primer profesional del misticismo judío de la Universidad Hebrea de Jerusalén, fue también una autoridad reconocida en el campo de la Cábala, aunque él mismo no era jasídico ni siquiera judío ortodoxo. Teorizó que los orígenes del misticismo judío podían remontarse al período del Segundo Templo (516 a. C. - 70 d. C.). Su investigación sugirió que las tradiciones místicas podían verse entre las líneas de los textos rabínicos que advertían contra ellas.

Por otra parte, el doctor David J. Halperin ha cuestionado algunas de las afirmaciones de Scholem, y una de ellas es de interés sobre los orígenes del misticismo judío. Localiza estos orígenes en las fuentes babilónicas, concretamente en sus aspectos más mágicos. Por ejemplo, la idea de viajar físicamente al trono de Dios, como hacen Ezequiel e Isaías en la Torá, se detalla en textos de esta región.

A continuación, Halperin rastrea la influencia de estos textos en la festividad judía de Shavuot, y en las tradiciones exegéticas (interpretación crítica, especialmente a partir de textos complementarios de otras literaturas sagradas) asociadas a su celebración religiosa en las sinagogas. Por supuesto, la narración de Ezequiel sobre la Merkabá y el tema central de Shavuot son la entrega de los diez mandamientos a Moisés en el Sinaí, tal como se describe en el libro del Éxodo. El Salmo 68 también es clave para esta interpretación histórica.

El libro más antiguo de los escritos de la Cábala es el Séfer Yetzirá (el Libro de la Formación). Aunque los estudiosos tienen una variedad de interpretaciones, creen que los primeros elementos de este libro datan del siglo II de nuestra era.

El autor del Séfer Yetzirá, que se ocupa de un examen especulativo de cómo el mundo llegó a existir debido a la acción de la divinidad, se dice que es el patriarca Abraham. Esto indica su importancia popular y la estima que se le tuvo durante siglos. Profundamente influyente en estos tiempos, se entiende que es un texto fundacional en el desarrollo del judaísmo, rivalizando con la influencia del Talmud.

En la actualidad, aunque se estudia casi tan intensamente como la propia Biblia, el Séfer Yetzirá se considera un texto puramente esotérico, propio de su contexto místico y de escaso valor fuera de él. Las glosas de los escribas y otras alteraciones del texto hacen que sea difícil de fechar con exactitud y de entender.

El Zohar (el Libro del Resplandor) es un complemento de la Torá que la interpreta en términos místicos. Al igual que el Séfer Yetzirá, forma parte del canon de la Cábala. Además, al igual que el Séfer Yetzirá, se atribuye al Zohar como autor una figura bíblica, la de Moisés, cuyo contenido le fue revelado en el Sinaí. Luego se transmitió oralmente hasta el siglo II de nuestra era, cuando fue puesto por escrito por rabí Shimón Bar Yojái. Sin embargo, estas atribuciones son más espirituales que académicas.

Los estudiosos creen que el Zohar fue escrito en España, principalmente por Moisés de León, en colaboración con otros autores, durante el siglo XIII. Curiosamente, el arameo fue la lengua seleccionada por de León para dar la apariencia de pertenecer a una época muy anterior, ya que esta lengua no era de uso popular en el entorno del autor.

En el Zohar, las sefirot (que revelan los rasgos de la divinidad) aparecen para explicar la interacción divina con el mundo. Otros temas incluyen la naturaleza divina y la creación y cómo el mal y el pecado operan en ella. Pero el tratamiento místico de la Torá en el Zohar pretende ser revelador de una comprensión más profunda del exilio, en el Primer Templo y del papel del sacerdote en él. La oración, los rituales y la liturgia también se tratan en sus páginas.

Por último – para nuestra visión general – está el Séfer ha-Bahir (el Libro de Iluminación), del que se dice que es el texto fundacional de la Cábala. Se cree que fue escrito a principios del siglo XIII por numerosos autores, y se considera que el Séfer ha-Bahir es el texto del que derivaron las tradiciones cabalísticas posteriores. Su nombre procede de la primera narración del libro, que es una interpretación de Job 37:21, referida a ohr ha bahir o " luz brillante" por Nehunya ben ha Kanah, una figura del período mishnáico. De nuevo, los autores del texto lo relacionan con épocas anteriores, fundamentales para el desarrollo del judaísmo.

El Séfir ha-Bahir, editado, redactado y glosado, no es un libro. Es una colección de parábolas que se conectan con las sefirot de forma muy poco estructurada. Estas ideas se desarrollarían a medida que el canon de la Cábala comenzara a formarse.

El Segundo Templo (516 a. C. - 70 d. C.)

Las tradiciones místicas no son "mansas". Ese es probablemente uno de los aspectos más importantes del misticismo, en general. Al moverse en paralelo a las estructuras tradicionales, expresan la relación de la humanidad con lo divino de una manera desinstitucionalizada y muy personal.

Esto puede explicar que, si bien el misticismo judío puede detectarse fácilmente en numerosos ejemplos de la Torá, no existe un cuerpo de pruebas que lo acompañe y que se haya practicado o estudiado en la época en cuestión.

Más bien, a lo largo de muchos siglos y a través de las meditaciones enfocadas de rabinos, eruditos y otros judíos de intensa fe, el misticismo dentro de la tradición judía llegó a ser reconocido como una expresión válida y duradera de la fe.

La destrucción del Segundo Templo en el año 70 después de Cristo por parte de los romanos fue un eco, en la mente de los creyentes judíos, de la destrucción del primero por los babilonios en el año 586 antes de Cristo. No es difícil entender cómo este acontecimiento podría dar lugar a una elevada espiritualidad comunitaria, ya que el pueblo judío fue exiliado a Babilonia como consecuencia de ello. La escatología judía postula el establecimiento de un Tercer Templo como punto de partida para la aparición del Mesías.

Así pues, la destrucción del templo, que había sido embellecido con amor por Herodes el Grande, supuso una crisis existencial y espiritual para los judíos de la época. Tras recuperar la expresión física de su fe y perderla por segunda vez a manos de otra fuerza colonialista, surgió el misticismo judío, creando un templo interno para el alma judía.

El misticismo de la Merkabá, que persigue una visión divina del propio carro de Dios, nació en el crisol de este acontecimiento cataclísmico. Se convertiría en la primera aparición reconocible del misticismo judío en el primer siglo de la era común.

Capítulo 2: Contemplando el misterio

"Ezequiel vio una visión, y describió en ella las cualidades de la Merkabá".

Ben Sirá 49:8

El profeta Ezequiel es clave para entender las raíces del misticismo de la Merkabá, no solo por su visión sino por su condición de sacerdote exiliado en Babilonia. Las visiones descritas en Ezequiel 1 y 2, fueron experimentadas durante la destrucción del Primer Templo, por lo que la visión se refiere a Ezequiel ejerciendo su poder sacerdotal para acercarse a la divinidad por medio del espíritu. Al no poder ya ejercer esa acción de la manera acostumbrada, ofrece una alternativa.

Ezequiel está describiendo una transformación espiritual, en la que el Primer Templo se convierte en la propia Merkabá, elevada al reino divino y a la que pueden acercarse quienes tienen una intensa unión espiritual con Dios.

Es bastante fácil ver lo que motivó el primer estrato del misticismo judío cuando los judíos estaban en las ruinas del Primer Templo y, más tarde, en las del segundo. El deseo de un templo utópico, incorruptible e indestructible solo podía realizarse cuando ese templo se espiritualizaba. Y así, el primitivo misticismo judío fue creado para llenar la necesidad en las almas del pueblo a través de su clase sacerdotal.

Hekhalot – Los palacios

Rachel Elior es profesora de filosofía judía en la Universidad Hebrea de Jerusalén y experta en la historia temprana del misticismo judío. Ha identificado la literatura de Hekhalot como descendiente de los antecedentes transmitidos desde el libro de Ezequiel, concretamente en Ezequiel 1:1 - 28, 3: 12 - 14, 8: 2 - 4, y 10: 1 - 22.

Las visiones de Ezequiel son asombrosas. En el primer capítulo, se describe a sí mismo "me senté donde ellos estaban sentados (los exiliados en Tel-abib, ahora Tel Aviv), y allí permanecí siete días atónito entre ellos" (Ezequiel 3: 15b). Estas visiones son de querubines con rasgos humanos, portando la Merkabá y revelando la gloria de Dios al profeta de Israel, sobre todo en las visiones del Primer Templo.

Estos textos bíblicos iban a formar un canon emergente de literatura mística, algunos de los cuales fueron descubiertos durante las excavaciones en Qumrán. Entre ellos se encontraban los Cánticos del Sacrificio Sabático, el Libro de los Jubileos, 1 y 2 Enoc, y otros numerosos escritos creados entre el siglo II a. C. y la destrucción del Segundo Templo en el año 70 a. C.

De esta colección de escritos surgió la tradición de la Merkabá y de Hekhalot, ninguna de las cuales fue codificada (escrita y compilada) hasta después del año 70 a. C. El profesor Elior ha determinado que este conjunto de textos fue escrito principalmente por miembros de la clase sacerdotal. A estos miembros se les había impedido servir en el templo por cualquier motivo, desde político hasta religioso. Se referían a sí mismos con diversos nombres como "Guardianes de la Alianza" o "la Congregación de la Santidad". Estos escribas sacerdotales privados de derechos llegaron a ser denominados en la literatura de Hekhalot como "descendientes de la Merkabá" o "espectadores de la Merkabá". Estos títulos se refieren al reconocimiento de la santidad de la divinidad como un reemplazo del templo y a que estos escribas sacerdotales fueron testigos de la gloria de los recintos de Dios.

Aquí es donde las cosas se vuelven muy interesantes. Elior ha descrito a estos sacerdotes, excluidos del servicio del templo, como un movimiento de oposición a la cultura clerical jerárquica del templo. Como grupo disidente, estaban bien organizados, estableciendo sus propias leyes sabáticas y fiestas religiosas. Pero una vez destruido el templo, abandonaron sus impulsos secesionistas y se dedicaron a las interpretaciones místicas de la práctica del templo y del propio templo. Tras esa transición, iniciaron la tradición de los escribas Hekhalot, perpetuando la obra de su movimiento místico y sacerdotal.

Los judíos exiliados y sus sacerdotes buscaron un medio para absorber el inoportuno estrago del hogar terrenal de Dios en Jerusalén, sustituyéndolo por otro que llevaban no solo en sus corazones y almas, sino también en el conjunto de la literatura creada para reflejar la nueva realidad. Sin un templo en el monte, solo un templo en el corazón estaba garantizado para ser impermeable a toda calamidad, excepto a la muerte física y humana.

Controversia

El problema con los sacerdotes del templo privados de sus derechos es que son bastante decididos y tienen ideas sobre cómo rendir culto, que generalmente están en desacuerdo con sus homólogos tradicionalistas e institucionalizados.

Y los místicos de la Merkabá del siglo I a. C. no eran diferentes en este sentido. Con un concepto de culto desvinculado de las exigencias imperantes en cuanto a tiempo, lugar y formulación de rituales específicos, postulaban que el templo celestial era un mandato de las escrituras, como en Ezequiel. También divergían con la tradición desde el punto de vista del calendario litúrgico (que define las estaciones del culto religioso), caracterizándolo como una violación de la alianza entre Dios y su pueblo elegido.

Creían que todo calendario asociado a un ritual religioso debía regirse por principios matemáticos, empezando por el número "7" y sus múltiplos, guiando el establecimiento de un calendario litúrgico no basado en la observación humana, sino en las verdades eternas encarnadas por los números. En lugar del calendario lunar que se utilizaba entonces, los sacerdotes disidentes recomendaron un calendario solar, con todas las fiestas religiosas relacionadas con otras en múltiplos de siete.

Los detalles del calendario Hekhalot pueden leerse en la literatura de Qumrán, especialmente en el Libro de los Jubileos, y en 1 y 2 Enoc, entre otros muchos ejemplos. Según la ley divina, extraída del significado del número siete tal como se expone en el relato de la creación del Génesis, los sacerdotes sostenían que los ángeles habían compartido el origen divino del número siete con la humanidad.

El objeto de esta organización divergente sobre el tiempo ritual era consagrar el tiempo divino en la tierra, siguiendo un esquema cosmológico transmitido por emisarios angelicales. Creían que este sistema mostraba la mayor fidelidad a la organización de los recintos divinos y sus ritmos, no contaminados por la acción humana.

Debido al apego del Segundo Templo a un calendario lunar, los primeros místicos judíos creían que el templo había sido profanado. De nuevo, este es un tema común en la literatura de Qumrán, acompañado por el tema de que el sacerdocio del templo era, en sí mismo, inicuo por haberlo perpetuado.

Y aquí es donde llegamos a los Hekhalot – los palacios – y a este sacerdocio privado de sus derechos. Ellos creían en un estilo de adoración totalmente diferente – uno celebrado simultáneamente por humanos y ángeles. Su identificación con las huestes celestiales les llevó a creer que la realización de rituales con participación angélica era la forma más auténtica de judaísmo y la que más honraba y reflejaba las acciones de la divinidad.

Siete es el número de Hekhalot - palacios - a través de los cuales los fieles podían ascender y descender del trono de la divinidad. Esto sigue el orden de la creación en los siete días descritos en el libro del Génesis.

Numerosos textos de Qumrán presentan himnos que representan a los ángeles unidos a la humanidad en el culto. En la raíz de esto está el sacerdocio ontológico, por el cual los sacerdotes nacen, no se hacen. Al señalar los casos de adoración angélica-humana, los sacerdotes privados de derechos trataron de establecer los orígenes del sacerdocio como angelical y, por lo tanto, divino.

Y así, los sacerdotes que habían sido expulsados del servicio del templo se identificaron con el sacerdocio del Primer Templo, alegando que esta versión anterior era más cercana a la suya, al estar basada – según los sacerdotes disidentes – en el calendario solar. Propusieron que el suyo sustituyera al modelo imperante.

Se trataba de una propuesta de tres vertientes, que abarcaba el Primer Templo (de Salomón), los querubines, con su carro-trono y la Merkabá de Ezequiel como primera vertiente. El segundo eje era el prototipo de su templo del espíritu y el calendario solar como reflejo de la cronometría divina. El tercero era el sacerdocio en unidad con los ángeles al servicio de los querubines. Este era su modelo de adoración.

Si bien es evidente que los sacerdotes sin derechos del Segundo Templo tenían una agenda, también proporcionaron un regalo para el futuro del judaísmo en su literatura y su desafío al templo y su jerarquía clerical. Aunque su intención era proporcionar una estructura alternativa a un sistema que consideraban antitético al culto de Dios, emprendieron esta misión por todas las razones correctas. Aunque algunos podrían considerar sus esfuerzos como autocomplacientes, no cabe duda de que ubicar un hogar espiritual para el pueblo judío en sus corazones, en lugar de dentro de los confines de un edificio, era un concepto muy adelantado a su tiempo. Más allá de todas las especificaciones rituales, este primer misticismo judío ha perdurado en diversas formas a lo largo de los 2.000 años que han transcurrido desde su aparición.

Maasé Merkabá – La labor del carro

Formulado durante el periodo geónico (589 d. C. - 1038 d. C.), el Maasé Merkabá se erige como el texto más descriptivo de la mística de Merkabá. Este texto, que forma parte de la literatura de Hekhalot, se basa en los nombres místicos y esotéricos de Dios. Estos se emplean como medio para ascender a través de los siete Hekhalot o palacios, y aparecen en los himnos y en otros lugares.

El propósito del libro es el de una guía de ascensión, que incluye instrucciones sobre los rituales empleados y los métodos de invocación de los ángeles.

La obra comienza como una conversación entre dos rabinos, Ismael y Akiva, que discuten el aspecto de los recintos divinos y los misterios del mundo espiritual. A medida que el texto continúa, se dan instrucciones específicas sobre cómo ascender, incluyendo nombres divinos específicos que deben ser invocados como "sellos". Estas instrucciones incluyen la oración ferviente y el desprendimiento del mundo, plasmado en las instrucciones de mirar al suelo y ayunar durante 40 días. También se instruye al estudiante para que se someta a 24 inmersiones en la mikve (baño ritual).

También hay una oración de protección del ángel de la presencia, un emisario angelical al que se recurre en el marco de la ascensión a los recintos celestiales. El poder de este ángel se consideraba potencialmente mortal.

Debido a las experiencias visionarias de Ezequiel, el Maasé Merkabá está diseñado para interpretar y replicar esas experiencias. Al ponerse en el lugar del profeta, el practicante se da cuenta de que la ascensión es una realidad eterna, disponible para los justos que buscan la presencia de Dios, pero no solo de forma espiritual. El libro está destinado a dotar al practicante de la misma capacidad de ascender que disfrutó Ezequiel.

La Mishná enseña que este libro no debe compartirse con más de un estudiante a la vez (Jaguigá 2:1). Esta prohibición se apoya en otra norma de acceso – que el alumno pueda entender el texto con una orientación mínima. El profesor proporciona solo el contenido básico de la información, y el alumno hace el trabajo pesado. Así se evita la transmisión promiscua de información considerada "secreta" y potencialmente peligrosa. Rezar para llegar a la presencia de ángeles poderosos, e incluso a la del Altísimo, no es una velada con un tablero de ouija. Es un asunto serio, por lo que los escritores de Maasé Merkabá construyeron algo así como un cortafuego alrededor de su potente contenido para dejarlo claro.

El razonamiento era el peligro del viaje en sí, al que se sumaban los ejércitos de ángeles que llenaban los siete palacios. En el camino hacia el carro de Dios, había un gran peligro. Por ello, Maasé Merkabá pretende crear un conducto para que los practicantes lleguen a salvo al carro-trono de Dios mediante la oración, que invoca los nombres secretos. El libro es a la vez una guía y un amuleto protector.

La extrema dedicación que se requiere para intentar el viaje no es para los débiles de corazón, y solo se anima a acercarse al carro-trono a aquellos que han sido completamente educados y pueden entender el significado del viaje, siguiendo las visiones de Ezequiel.

La introducción del éxtasis

Antes de la aparición de la Cábala, la Maasé Merkabá introduce el éxtasis como parte de la experiencia mística. Representando la unión total con Dios, tanto espiritual como físicamente, este concepto se convierte en algo formativo en la Cábala y es central para sus objetivos. Pero también está claro que la realización de tal experiencia de éxtasis estaba estrechamente vigilada, ya que suponía para los practicantes un peligro físico y espiritual.

A los estudiantes se les enseñaba que, si adoptaban determinadas posturas, tenían más probabilidades de ver el carro-trono. Por ejemplo, a algunos se les enseñaba a colocar la cabeza entre las rodillas. Para que la visión fuera un éxtasis, era necesaria la implicación del cuerpo, ya que solo con la entrega total del estudiante se podían ver los recintos sagrados.

Esta completa entrega e implicación de lo físico y lo espiritual se trasladó a la Cábala, en la que ese éxtasis se busca y abraza activamente. Esto hace que Maasé Merkabá sea un modelo para la formación posterior de la Cábala.

Aunque está claro que Maasé Merkabá tiene sus orígenes en la capa más temprana del misticismo judío como escuela de pensamiento y práctica teosófica, al igual que otros libros místicos, no se considera parte del Talmud. Más bien, es un compañero que se encuentra aparte y dentro del canon específico del misticismo judío - la Cábala.

Como acabamos de leer, el misticismo judío es mucho más que escaramuzas políticas sacerdotales. El misticismo judío, que tiene sus raíces en la Biblia y ha generado una gran cantidad de literatura apócrifa fuera del canon hebreo de las escrituras, ha perdurado debido a la profundidad, la belleza y la complejidad de su práctica, pero también por su conexión intrínseca con momentos clave de la historia judía. Es un bálsamo espiritual para las turbulencias, la violencia y el acoso que ha sufrido el pueblo judío a lo largo de su historia.

Un templo del espíritu para un pueblo históricamente obligado a vagar por el mundo en busca de seguridad y aceptación es el regalo del misticismo judío, transmitido por estos sacerdotes del templo sin derechos, insatisfechos con el legalismo y los rigores del templo, sus clérigos y las consecuencias políticas de estos. Pero hay muchos otros dones que se revelarán a medida que continuemos nuestra exploración del misticismo judío. Así pues, pasemos al enorme y fascinante tema de la Cábala, que constituirá el núcleo de este libro.

Dividiré la información ofrecida en varios capítulos, ordenados:

- Séfer Yetzirá, la historia del desarrollo de la Cábala y sus figuras formativas

- Las sefirot

- Conceptos: Tzimtzum, shevirah y tikkun

- Mística lingüística y gematría

- El Zohar

El tema es muy amplio, por lo que he organizado los capítulos sobre la Cábala en trozos fáciles de digerir, ya que probablemente no exista un conjunto de conocimientos místicos tan amplio y con influencias tan diversas como la Cábala.

Le invito a realizar un viaje para profanos en los misterios de la Cábala, su historia, textos, conceptos y puntos de interés para judíos y gentiles por igual.

Capítulo 3: La Cábala, una obra de muchos siglos y muchas manos

"Dicen que no se puede estudiar la Cábala hasta tener al menos 40 años. ¿Usted sabe por qué? Tiene que haber experimentado, al menos, una generación cometiendo los mismos errores que la anterior".

David Mamet

Y así es. El estudio de la Cábala se limita tradicionalmente a las personas mayores de 40 años. Esta es la edad de la razón y la experiencia. Cuando se ha llegado a ella, lo más probable es que se esté preparado para lo que ofrece este canon del misticismo judío. Como residente del siglo XXI, tengo que admitir que el kilometraje puede variar. Una persona de 40 años, en estos días, parecería estar mucho menos a la altura de los desafíos intelectuales y espirituales que ofrece esta literatura que alguien de épocas anteriores. Parece que nos hemos vuelto un poco reacios a ser "adultos" en nuestros días.

Pero el requisito de identificación en la puerta de la Cábala se basa en las capas adjuntas a la Torá. Estas deben ser dominadas por cualquiera que se acerque al estudio de estos textos místicos.

Estas son:

• **Peshat:** El significado literal y llano del texto. Si no se comprende este nivel fundamental de la Torá, no tiene sentido pasar al siguiente, que es el *remez* (que significa "indicio").

• **Remez:** El remez es bucear por debajo del significado literal de las escrituras hasta el significado oculto justo debajo de la superficie, que solo se insinúa.

• **Drush:** El drush equivale a la exégesis, que es el uso de otras escrituras para interpretar la que se está leyendo. Aunque estas fuentes sean apócrifas, siguen considerándose ilustrativas y, por tanto, un componente formal de la Torá, de ahí los textos del Midrash. El relato que se cuenta debe ser interpretado teniendo en cuenta la porción de la Torá que se está leyendo y no literalmente.

• **Sod:** Este término se refiere a una lectura esotérica de la Torá, que ilumina las grandes preguntas, como por ejemplo por qué estamos aquí y cuál es la naturaleza de la divinidad. La palabra "sod" significa secreto, por lo que este nivel es el secreto descubierto solo por el estudiante fiel y espiritualmente realizado.

Otra palabra para "sod" es "Cábala ", que se traduce como "tradición recibida".

Cábala – Un antiguo misterio

A pesar de todos nuestros esfuerzos por encasillar históricamente a la Cábala, esta se resiste, y esa resistencia forma parte de su naturaleza etérea y esotérica. Tradicionalmente, se dice que la Cábala se originó en el jardín del Edén, transmitiéndose a partir de Adán a través de las generaciones de la humanidad por medio de los justos en Dios – los tzadikim.

El Talmud, en la Hagadá, aconseja que la Cábala no se enseñe a quienes no están preparados o no han alcanzado un nivel de sabiduría que les permita absorber sus lecciones adecuadamente. En la época del florecimiento de la Cábala en la Edad Media, la Cábala se había convertido tradicionalmente en parte de la Torá oral, que fue recibida por Moisés en el Sinaí. Así que, quizás en esta última afirmación, encontramos el origen de las prohibiciones sobre la transmisión pública y promiscua de la tradición recibida.

Como leímos en el capítulo anterior, esta prohibición comenzó con los "cortafuegos" erigidos por los rabinos en el período geónico, con la intención de señalar la naturaleza profundamente esotérica y desconocida del éxtasis espiritual y físico que se buscaba en el ascenso al carro-trono. La Maasé Merkabá, cuando se introdujo el éxtasis físico y espiritual como medio de ascenso a la unión con Dios, se convirtió en el centro de las prácticas y creencias que surgirían en la Cábala.

Séfer Yetzirá

A medida que ha ido leyendo, estoy seguro de que se ha dado cuenta de lo enrevesada y variada que es la historia del misticismo judío. Ese tema continuará en este capítulo y en los siguientes.

Tal es la naturaleza de un movimiento que se sitúa tanto dentro como fuera de la fe judía institucional. Pero esta es la historia de la mayoría de los movimientos místicos en los sistemas monoteístas. Los sufíes ocupan una posición similar en el islam, mientras que la larga y variada historia del misticismo cristiano también ha sido marginada.

Pero del mismo modo, el interés por el misticismo ha dado lugar a un sinfín de interpretaciones y permutaciones de textos y comunidades místicas judías, muchas de ellas fuera de la tradición del judaísmo.

Pero eso forma parte de la aventura. Seguir los hilos de la historia y el folclore para llegar a una mejor comprensión de lo que construían los místicos judíos. Ese proyecto ha llegado hasta nosotros en forma de un enorme cuerpo de literatura que sigue fascinándonos.

El Séfer Yetzirá (el Libro de la Formación) se considera el libro más antiguo de la Cábala. Pero incluso en este caso, el relato está plagado de diferencias de opinión entre los estudiosos. Algunos datan el libro en la Edad Media, mientras que otros lo sitúan en los siglos III o IV de nuestra era o en el siglo II. Y como no se trata de una obra académica, podemos asumir la última de ellas.

Aunque la tradición atribuye la autoría del libro a Abraham, lo más probable es que sea el rabino Akiva ben Iosef (50-135 d. C.), uno de los principales colaboradores de los Midrash y la Mishná. Algunos estudiosos creen que redactó escritos anteriores, tanto si Abraham u otros fueron los autores como si los transmitieron oralmente. Los relatos folclóricos atribuyen el libro a Adán, que lo transmitió a Noé, quien a su vez lo transmitió a Abraham.

A lo largo de la historia, se han aceptado varias versiones del Séfer Yetzirá, como las siguientes:

- Una versión breve de 1300 palabras.

- Una versión más larga de aproximadamente 2600 palabras.

- La versión que utilizó Saadia Gaon para escribir su comentario del siglo X, llamada "versión Saadia".

- La versión del Gaón de Vilna (llamada "el Gra") utilizó la versión producida por Isaac Luria en el siglo XVI para armonizarla con el Zohar, creando la "versión Gra" del siglo XVIII.

Como he señalado anteriormente en este libro, el Séfer Yetzirá es difícil de precisar; aunque sus temas se refieren a la creación, también está profundamente relacionado con el lenguaje y los números. Las numerosas modificaciones a las que ha sido sometido solo han enturbiado las aguas.

Ningún libro existente – ni siquiera la Torá o las escrituras judías y cristianas combinadas con la Biblia moderna – ha sido examinado con tanta profundidad. Aunque los últimos místicos judíos tenían el libro en gran reverencia, hay diferencias fundamentales entre este libro y otros en el canon de la Cábala, especialmente sobre las sefirot, que discutiremos en el próximo capítulo. Por ejemplo, las sefirot de este libro no se corresponden con las de los escritos cabalísticos posteriores.

En el Séfer Yetzirá hay un claro indicio de ideas posteriores, especialmente en el rechazo de una creación "a partir de la nada", que sigue la cosmología de la filosofía griega, de la que Parménides fue el padre en el siglo II a. C. Parménides llegó a la conclusión de que "ex nihilo nihil fit" (nada viene de la nada). Esto apareció en la física de Aristóteles y se citó en todo el mundo de los antiguos griegos.

El modelo de la creación que aparece en el Séfer Yetzirá plantea la obra de Dios en conjunto con el universo. En este modelo, Dios es el "primer motor" que trabaja con lo que el universo tenía, en lugar de ser el arquitecto omnipotente de la nada. Este modelo se perpetuaría en todo el canon cabalístico.

Séfer Yetzirá es una discusión de los 6 días de la Creación desde un punto de vista místico, incluyendo, en la primera línea, todos los nombres de Dios. A continuación, enumera los números divinos, incluyendo el 7, el 10 y el 12. También se habla de cómo las letras del alfabeto hebreo se utilizaron en conjunto con las diez sefirot mientras se realizaba el trabajo de la creación.

Al final del libro, Dios revela el secreto de la creación a Abraham, presentándolo como un pacto eterno entre ellos. Este pacto tenía dos aspectos, como se describe en el libro:

> • El pacto de la circuncisión (mila o "palabra") expresado en el cuerpo humano entre los diez dedos de los pies.

> • El pacto de la palabra (lashon) expresado como morada entre los diez dedos de nuestras manos. Lashon también se refiere a la lengua hablada/escrita.

Al final del Séfer Yetzirá, Dios revela las 22 letras de la Torá a Abraham en la realización del pacto de la palabra, desvelando los secretos de la Torá para él.

Mística lingüística

El protagonismo de la lengua en Séfer Yetzirá como conducto de la obra de la divinidad en la creación sienta las bases de la Cábala posterior. El punto de vista del libro es que la humanidad y la creación en la que se encuentra son el resultado de varias combinaciones de letras. Consideremos "Adán", el primer hombre, y "Adamah", la creación de Dios. El significado es claro.

La clave de la filosofía lingüística del libro son las letras hebreas alef, mem y shin (que corresponden aproximadamente a la A, M y S del español), que se erigen como figuras maternas primordiales y fuentes de las demás letras del alef-bet. Pero el Séfer Yetzirá va más allá y las enmarca como símbolos de los tres elementos primordiales correspondientes: el aire, el fuego y el agua, y los redefine como las fuentes en las que se basa toda la vida.

Los opuestos en la unidad

Uno de los temas más fuertes del Séfer Yetzirá es la existencia de pares en los ámbitos físico y espiritual. La propuesta es que estos están continuamente en guerra – o en tensión – pero encuentran la unidad en Dios.

Volviendo a alef, mem y shin y su correspondencia con los tres elementos primordiales, aire, fuego y agua, el fuego y el agua se mantienen en tensión y están relacionados con la presencia del aire. Hay, según el misticismo judío, siete de estos pares en guerra en la vida humana:

- La guerra y la paz
- Sabiduría y necedad

- La vida y la muerte

- Pobreza y riqueza

- Servidumbre y poder

- La fealdad y la belleza

Esta teoría de los pares contrastados se corresponde con el pensamiento del judaísmo rabínico tradicional. El yetzer ha-tov (impulso de hacer el bien) y el yetzer ha-ra (impulso de hacer el mal) existen en tensión, y sin la otra no hay coherencia en la vida humana ni en la propia creación. Por ejemplo, la referencia al Midrash que se encuentra en el Génesis Rabá 9:7. Que afirma que si no fuera por la yetzer ha-ra, no habría ambición. La gente dejaría de trabajar, de construir casas y de tener hijos. Este comentario se refiere directamente al Génesis 1:31 de la Torá, en el que "Dios vio todo lo que había hecho y vio que era bueno en gran medida".

El bien resultante de la ausencia total de maldad en el mundo no sería lo que pensamos que es el "bien". La creación sería como en Stepford, en otras palabras, *solo que más aburrida*. El impulso humano de triunfar en el mundo está ligado a nuestro instinto de supervivencia, que es el impulso de prevalecer sobre los elementos, los depredadores y, a veces, sobre otras personas. En ese desafío está el sentido de la tensión entre los dos impulsos de la naturaleza humana.

Así, la influencia mediadora de Dios como creador aporta coherencia a toda la vida y mediación a todas sus fuerzas opuestas, dándoles sentido. No solo estos opuestos se mantienen en tensión, sino que ninguno existe sin el otro. Todo existe gracias a la tensión que mantienen estos opuestos. Sin la muerte, ¿la vida sería tan dulce?

Esto enmarca a la humanidad como un agente libre, capaz de tomar decisiones sobre cómo vivir y cómo tratar a los demás.

El desarrollo de la Cábala

La orientación filosófica de la Cábala es la de un prolongado examen e interpretación de la relación entre el ein soph (el infinito o sin límite) y la creación.

Trabajando dentro del marco del judaísmo tradicional y utilizando sus textos rabínicos para demostrar la solidez de sus textos y creencias místicas, la Cábala y sus miqqabal (maestros de la Cábala) trataron de revelar los secretos de las tradiciones permanentes del judaísmo en sus liturgias, prácticas y escritos.

La Cábala, tal y como la conocemos, no surgió hasta los siglos XII y XIII en el sur de Francia, gozando de un renacimiento en la Palestina del siglo XVI de la mano de Isaac Luria (1534 - 1572), nacido en Jerusalén.

Luria es una de las figuras más reconocidas de la Cábala y, como tal, es recordado como "Ha'Ari" ("el León"). La Cábala que conocemos hoy es la Cábala luriana. Aunque él mismo escribió poco, sus tradiciones orales constituyen la base de la Cábala luriana, ya que fueron transcritas por sus alumnos y transmitidas a través de sucesivas generaciones. Se dice que su poder espiritual es lo que le llevó a ser venerado y reconocido como el miqqabal de los miqqabales.

La obra de Luria se expresó con mayor riqueza en la formación del judaísmo jasídico, del que se hablará más adelante en este libro. Formada en el siglo XVIII, fue en la comunidad jasídica donde la Cábala llegó a ser más estudiada y difundida.

Europa medieval

El florecimiento de la Cábala en la Europa medieval comenzó en el siglo XII, con la formación de grupos privados y secretos que seguían el impulso místico del judaísmo. Pero los estudiosos sitúan la formación de la Cábala medieval en las provincias del sur de Francia, en Languedoc y Provenza.

Cerca de finales del siglo XII, apareció en esta zona el Séfer ha-Bahir, un ejemplo de las sefirot. Se identifica estrechamente con este libro a Isaac el Ciego (1160 - 1235). Desde el sur de Francia, la Cábala se transmitió al noreste de España, donde surgió Nahmánides (1194 - 1270), que propuso una interpretación helenística de las sefirot, enraizada en el neoplatonismo.

Fue con los miqqabales castellanos a finales del siglo XIII que la Cábala produjo el Zohar (el Libro del Esplendor), que se ocupaba principalmente de la unidad de los opuestos, especialmente los atributos masculinos/femeninos y la influencia mediadora entre ellos de la divinidad.

En esta encarnación del desarrollo cabalístico, el judaísmo tradicional y sus místicos estaban muy alineados, con aportaciones materiales procedentes del judaísmo rabínico de la época.

El Zohar se erige como un texto central de la Cábala, y para los judíos de la época, era la Cábala misma. La publicación de este texto clave dio origen a la Cábala, que continuó floreciendo y alcanzó su apogeo con el establecimiento de la Cábala luriana en la Palestina del siglo XVI.

Consuelo, consuelo, oh pueblo mío

La historia de la Cábala está salpicada de la tragedia de la incesante persecución del pueblo judío. Esto no fue menos cierto para el misticismo judío del Segundo Templo que para la Cábala luriana del siglo XVI.

El antisemitismo europeo de la Edad Media no fue menos virulento que el de principios y mediados del siglo XX, y este impulso social se manifestó en toda Europa con las cruzadas, alcanzando su apogeo con la expulsión de los judíos de España en 1492. Con ello concluyó el florecimiento del judaísmo en España y el de la Cábala medieval en su entorno europeo.

Los judíos de toda Europa recurrieron a su espiritualidad para sobrellevar los abusos sufridos a manos de los gobiernos y los ciudadanos gentiles, esperando el regreso del Mesías como consuelo. Parte de ese consuelo era la patria histórica de Israel.

Y así, Safed, el hogar de la infancia de Isaac Luria, se convirtió en el centro de la comunidad judía internacional, incluidos los místicos. De este hervidero de expresiones litúrgicas, legales y cabalísticas judías surgió Moisés Cordovero (1522 - 1570). Cordovero cambió el enfoque de la Cábala hacia la esperanza mesiánica judía, para responder a los gritos de la gente que vivía en el exilio y la persecución, como los judíos habían vivido en Babilonia y bajo la bota de Roma en el período posterior al Segundo Templo de Palestina. Con la popularización del Zohar, el autor formó parte de un renacimiento del judaísmo de la época, representando la misma esperanza mesiánica que los judíos buscaban.

Y fue Cordovero quien tomó el manto de Isaac Luria, llegando a una Safed animada en 1569.

Ensimismado en el estudio del Zohar a la tierna edad de 22 años, Luria se convirtió en un esteta, pero se casó a los 15 años, en Egipto, donde un tío rico lo mantuvo tras la muerte de sus padres. Se dice que vivía en una cabaña a orillas del río Nilo, sin hablar ni siquiera con su familia, a la que visitaba solo los sábados.

En Safed, Luria enseñó, llegando a ser increíblemente influyente como lo había sido antes Cordovero. Aquí, expuso la Cábala, convirtiendo la rama mística del judaísmo en la más influyente de la época, en particular sobre la liturgia.

Safed e Israel, en general, habían visto una tremenda afluencia de judíos que huían de la expulsión española. Muchos se reunían en Galilea (donde se encuentra Safed) para esperar el regreso del Mesías, una tendencia que había llevado a Cordovero a reorientar la Cábala hacia el misticismo mesiánico. Pero como Luria enmarcó la Cábala en la narrativa del exilio, los judíos encontraron un enorme consuelo en sus enseñanzas. Y aunque Luria no era de los que escribían su misticismo, prefiriendo compartir su pedagogía en primera persona con los estudiantes, sus alumnos grabaron y difundieron sus enseñanzas. A mediados del siglo XVI, su obra era conocida por los judíos de la lejana Europa, la cuna del canon de la Cábala.

Un estudiante de Luria, Jaim Vital, fue el principal responsable de esta difusión. Él recogió las transcripciones hechas de las enseñanzas de Luria. De ellas surgieron los ocho volúmenes de Etz Jaim (el Árbol de la Vida), la base de la Cábala luriana, derivada del Zohar.

Etz Jaim y la Cábala luriana

Fue el trabajo de Luria, a través de Vital, el que dio sentido al Zohar. El Etz Jaim es una colección de "puertas" que describen oraciones para cada ocasión que se presenta en la vida diaria, sabática y festiva de los judíos.

Vital iba a registrar todas las enseñanzas de Luria en una colección de libros que forman la Cábala luriana. Estas obras se conocen colectivamente como el Kitvei Ari (los Escritos del León). Gracias a estas obras, el Zohar cobró sentido y llegó a ser estudiado intensamente.

Etz Jaim es la piedra angular de un gran conjunto de escritos. Las " puertas " y sus descripciones de las oraciones actúan como iluminaciones cabalísticas, revelando los fundamentos del pensamiento cabalístico.

El Pri Etz Jaim (Fruto del Árbol de la Vida) y el Shaar Ha Kavanot (Puerta de las Meditaciones) están dedicados a iluminar aún más el Etz Jaim en términos de la aplicación práctica al prepararse para la oración, por ejemplo, vistiendo ritualmente el manto de oración y los tefilín (filacterias).

Las Ocho Puertas

La construcción de la tradición luriana continuó con la elaboración de los Shemoná Shearim (Ocho Puertas), denominadas e instruidas de la siguiente manera:

• Shaar haHakdamot (Puerta de Introducciones). Gran parte del primero de los libros de las Ocho Puertas es una reiteración de Etz Jaim.

• Shaar Maamaré Rashbí (Puerta de las Enseñanzas de Rabí Shimón bar Yojai), que ilumina el Zohar desde el punto de vista de Rashbi del siglo II. Se considera altamente revelador en cuanto a la naturaleza de la creación.

• Shaar Maamaré Jazal (Puerta de Enseñanzas Talmúdicas) es como el libro mencionado anteriormente, pero ilumina las enseñanzas de los sabios, desde el punto de vista místico.

• Shaar haPesukim (Puerta de Versículos Bíblicos), que ilumina la Torá como un viaje espiritual y meditativo a la vida de los antepasados.

• Shaar haMitzvot (Puerta de Preceptos), que ilumina los diez mandamientos entregados a Moisés en el Sinaí desde un punto de vista místico.

• Shaar haKavanot (Puerta de Meditaciones). Describe el papel de la meditación en la vida diaria y la oración en la primera parte del libro y en la segunda, las fiestas y el sabbat, dentro de un marco cabalístico

• Shaar Rúaj haKodesh (Puerta de Inspiración Divina). Ofreciendo cientos de meditaciones, el objetivo de este libro es la perfección del alma y la elevación de la conciencia, con una inclinación profética.

• Shaar haGuilgulim (Puerta de Reencarnaciones). Se trata de un extenso y complejo tratado acerca de la reencarnación y de cómo el alma debe perfeccionarse para regresar. El libro también aborda la reencarnación de personajes bíblicos.

Estas ocho puertas son teóricas, explicadas en términos prácticos por el Shaar Ruach Ha Kodesh. Al revisar cada una de las enseñanzas de las Ocho Puertas, Ruach Ha Kodesh actúa como una clave para el canon completo de Kitvei Ari, describiéndolo como intensamente meditativo y de oración. Esta es una característica clave de una vida centrada en Dios y de una conciencia de la presencia de Dios en todas las cosas, desde la comida hasta el sexo y las interacciones con otras personas.

La literatura de las Ocho Puertas y el Kitvei Ari contienen la plenitud de las enseñanzas de Isaac Luria, el Ari, y hoy en día; estos escritos son el canon más completo de la Cábala y los comentarios ilustrativos más convincentes del Zóhar.

Isaac Luria revolucionó el mundo del misticismo judío, arrojando luz donde otros habían fracasado. Viviendo solo 38 años, su breve estancia en la tierra le proporcionó increíbles riquezas, popularizando la Cábala y legitimándola funcionalmente en el tremendamente complejo mundo de la literatura judía.

Pero no fue hasta el siglo XVIII, cuando el jasidismo surgió en Ucrania como un movimiento de renacimiento espiritual, que la Cábala se difundió por todo el mundo. Hablaremos de los jasidim más adelante en este libro, ya que es la comunidad más responsable de la popularización del misticismo judío. Por el momento, continuaremos con nuestro paseo por la Cábala en el próximo capítulo, en el que hablaremos de las sefirot.

Capítulo 4: Las sefirot - Emanaciones de la divinidad

En el corazón mismo de la Torá está la nishmatade'orayt - su alma interior. Y esa alma interior se expresa en los escritos de la Cábala. Así es como Isaac Luria describió la Cábala, no solo vinculándola a la Torá, sino definiéndola como el espíritu eterno en el que fue entregada a la humanidad.

La Cábala, como alma oculta de la Torá, es portadora de profecía y sabiduría, previendo un mundo transformado en la revelación del Mashiaj (el Mesías). El estudio de la Cábala es el vehículo mediante el cual la humanidad está capacitada para prever y dar a luz ese mundo, actuando como parteras de la gloria de una creación transformada para reflejar plenamente la gloria de la divinidad.

No hay mayor expresión del espíritu eterno con el que la Torá fue entregada como regalo a la humanidad que las sefirot. Las sefirot son guías descriptivas de los atributos que definen a un Dios inefable.

Estas emanaciones o atributos actúan en concierto con la creación, expresando los rasgos de Dios. Tal y como se describe en el Séfer Yetzirá y lo desarrolla Luria, las relaciones entre las sefirot se materializan, haciéndose comprensibles para quienes las estudian.

El Árbol de la Vida

La Torá, en sí misma, se llama el Árbol de la Vida, y como alma de la Torá, la Cábala ofrece las sefirot organizadas en forma de una especie de árbol, definiendo sus relaciones y su forma de operar entre sí y con la creación.

Hay diez sefirot, denominadas:

- Kéter (Corona)
- Jojmá (Sabiduría)
- Biná (Inteligencia)
- Jésed (Misericordia)
- Gevurá (Justicia)
- Tiféret (Belleza)
- Hod (Esplendor)
- Nétzaj (Victoria)
- Yesod (Fundamento)
- Shejiná (Presencia Divina), también llamada Maljut (Soberanía). Nota: Shejiná es una emanación única, situada en la base del Árbol y, por tanto, su raíz.

Cada emanación expresa un rasgo de Dios. El esquema del Árbol de la Vida revela la interdependencia de todas las sefirot. Pero la verdad sobre estas emanaciones es que cada una contiene a todas las demás, expresando un cierto "panenteísmo" interno – la idea de que Dios infunde todas las cosas, ya que todas las cosas están en Dios. Para el Árbol de la Vida, las emanaciones o rasgos de Dios son holísticamente unitivos y no pueden separarse del todo. Por ejemplo, con la belleza viene el juicio.

Los cabalistas de Safed expusieron el concepto de la interacción e interdependencia de las sefirot, una pista de la disposición de la Cábala en términos de la Creación que ha iluminado. El panenteísmo del Árbol de la Vida en la presencia interiorizada de todas las sefirot dentro de cada sefirá apunta a una creación infundida con la presencia divina de Dios y los atributos de Dios que viven en cada átomo, cada molécula y cada criatura, ya que viven colectivamente en Dios.

El equilibrio en el Árbol de la Vida

Al igual que el yetzer ha tov y el yetzer ha rah se mantienen en una tensión mediadora, el Árbol de la Vida de las sefirot expresa la naturaleza equilibrada de la creación de Dios.

En el lado derecho del Árbol están los atributos que expresan la bondad absoluta en Jojmá (Sabiduría), Jésed (Misericordia) y Nétzaj (Victoria). Estos están equilibrados por los atributos de las sefirot dispuestas en el lado opuesto, Biná (Inteligencia), Din (Justicia) y Hod (Esplendor), que expresan el miedo y el temor a la divinidad. Sin equilibrio, estos atributos – como el yetzer ha rah – pueden desbocarse fácilmente en la creación, y por ello, su actividad es mitigada por los atributos de la derecha, que a veces se llama el "Pilar de la Misericordia".

Uniendo los dos lados del Árbol de la Vida está Tiferet (Belleza). Es la síntesis del equilibrio en el que existen las sefirot. Con Chesed definiendo las sefirot del lado derecho y Din definiendo las del lado izquierdo, el equilibrio expresado por Tiféret apunta al equilibrio en la creación, el de la justicia y la misericordia siendo necesarias para que el universo funcione como estaba previsto.

En la parte inferior del Árbol, está apoyado por Yesod (Fundamento), proporcionando estabilidad, y debajo, en la tierra fértil de la que crece, Shejiná (la Presencia Divina) que se aparta de las 10 sefirot, siendo el medio activo de interacción con la humanidad y la creación y, sin embargo, alimentando su actividad. A través de Shejiná se conocen las otras sefirot.

En Tikunim, una colección de himnos y parte de su canon, las sefirot se describen como la forma en que la divinidad incognoscible oculta toda su gloria a la humanidad. Las sefirot, por tanto, proporcionan un medio no tanto para conocer a Dios como para acercarse a sus intenciones a través de las emanaciones de los atributos divinos. Aunque no son en sí mismas Dios, nos dicen algo sobre Dios.

Ein Soph

En el pensamiento cabalístico, Dios es lo infinito, lo ilimitado, lo "sin fin". Esta comprensión se toma de la descripción de Salomón ibn Gabirol (1021 - 1070), que describe a Ein Soph como "el sin fin".

La filosofía neoplatónica de que Dios no tiene pensamientos, palabras, acciones y deseos está viva en esta descripción de la divinidad, que afirma que no podemos conocer verdaderamente lo que no tiene límite.

Hablaremos mucho más del Zohar después de esta serie de capítulos, pero la descripción de Ein Soph en este libro es instructiva. Antes de la creación del universo, la divinidad no tenía forma, ni medios de expresión. A través de la creación, Dios adoptó una forma velada en esa obra, revelando la verdadera naturaleza de Ein Soph a través de las emanaciones portadas por las sefirot.

Por esta razón, el Zohar instruye que el nombre de Dios es demasiado sagrado para pronunciarlo. Solo después de la creación de Adán, la expresión de la creación de Dios en forma de humanidad, Dios pudo descender, desplegando a Adán como carroza. De este texto procede el tetragrámaton – yud hey vav hey – YHVH.

La filosofía del tetragrámaton revela además el razonamiento que hay detrás del término. Formulado por los místicos judíos de la Edad Media, el concepto desarrollado es que solo se puede nombrar lo que tiene límites. Este concepto también se encuentra en el relato de la creación del Génesis, cuando Dios nombró el sol y la luna. Se les llama "la luz mayor para gobernar el día y la luz menor para gobernar la noche y las estrellas" (Génesis 1: 16).

En el contexto histórico en el que se escribió este versículo, el sol y la luna eran adorados en el mundo pagano, por lo que la intención es clara. Al nombrarlos como meros proveedores de luz, Dios les ha quitado su poder divino. Lo que se nombra es ilimitado. Lo que no se nombra es ilimitado y está más allá de todos los demás poderes existentes. Y lo que fluye de esa fuente ilimitada e inefable es el Ein Soph Aur (la luz de lo ilimitado), tal como se expresa en las sefirot y su revelación de la naturaleza de Dios. Esta es la verdadera luz divina.

Ayin

Ayin existía antes de la revelación de Ein Soph en la Creación, pero esa nada es tan compleja e incognoscible como el propio Ein Soph. Inefable, los místicos lo denominan "Me estoy convirtiendo", expresando una realidad que nace y no nace, una nada en camino de ser algo.

El nexo entre la nada y el nacimiento es la fe que se requiere para comprender, en algún nivel, aunque nunca del todo, que la nada es un tipo de existencia, una existencia que, aunque nunca nace, está eternamente en proceso de parto.

En términos del misticismo judío, Ayin es la trascendencia del ser, al tiempo que representa un modo de existencia más allá de la comprensión humana. Así, del estado singular del devenir que no es el ser, sino algo separado de él, surge Ein Soph.

Y Ein Soph, la divinidad ilimitada e inefable, comunica su naturaleza a través de las sefirot en el Árbol de la Vida. A continuación, examinemos las diez sefirot individualmente, además de Shejiná, la raíz del Árbol.

Kéter (Corona)

A veces llamada "Kéter Elyon" (Corona del Altísimo), esta sefirá se refiere a la iniciativa de Dios que se eleva. Esta iniciativa o voluntad existe incluso antes de cualquier reconocimiento cognitivo.

Emanando del Ayin, lo ilimitado del Ein Soph se expresa como un símbolo tangible, significando la coronación del estudiante cabalístico a través de la muerte del ego. Este es el logro de la unidad con Dios, buscada a través de las sefirot mediadoras y su iluminación expositiva de los atributos Divinos.

Asociado a Kéter está el nombre de Dios revelado en el relato de la zarza ardiente (Éxodo 3: 1-21). Cuando, en el versículo 13, Moisés pide a Dios un nombre para compartir con los israelitas exiliados en Egipto, Dios responde "Ehyeh asher ehyeh" - "Seré lo que seré". Y así, el nombre es "Ehyeh", que significa "por mi voluntad llegaré a ser lo que decida ser", de nuevo inefable e inminentemente ilimitado por la autodefinición de la divinidad, al menos en este versículo. Como la "corona", el Kéter es inmaterial, representando el conocimiento que viene a través de la revelación divina de los atributos de Dios.

Jojmá (Sabiduría)

Esta sefirá representa el impulso creativo y la Torá primordial, la forma más pura de la sabiduría divina. Análoga a la intuición, que, sin razón, no equivale al "pensamiento", sino que está impulsada por los mismos procesos físicos que el instinto, la sefirá puede describirse como la inspiración divina para formar la creación.

Jojmá también se conceptualiza como un esperma que se planta en Biná (Inteligencia) para iniciar el proceso de la creación. No se trata de una acción "sexuada", ya que Ein Soph, al no tener cuerpo, tampoco tiene sexo. Más bien, Ein Soph expresa tanto lo masculino como lo femenino – y ninguno de los dos.

Asociado con Jojmá está el nombre "Yah", que es la yud en el tetragrámaton - YHVH. El significado de la yud puede ser abordado entendiendo que algunos judíos usarán solo la porción yud hey del tetragrámaton para expresar el nombre de Dios en textos escritos y otros, solo la yud. Otros expresarán el nombre de Dios con un punto debido a su santidad y poder.

Biná (Inteligencia)

Es en esta sefirá donde el proceso creativo se materializa. Biná es la matriz que recibe el esperma de Jojmá, dando a luz a las otras siete sefirot del Árbol. Biná puede describirse como el discernimiento, que es una función del pensamiento. Es aquí donde la intuición de Jojmá se guía por el acto consciente del pensamiento.

Biná puede ser considerada como una madre, a la función paterna de Jojmá, que construye a partir de la chispa de la inspiración divina de todas las demás sefirot que actúan como emisarios creados de los rasgos del Dios incognoscible.

El nombre de Dios asociado a Biná es "Elohim", o las huestes celestiales. Es una palabra plural que se utiliza en toda la Biblia como nombre de Dios, con la implicación de que, aunque Dios es uno, el inefable divino lo abarca todo en su interior, integrando así representaciones de la deidad que existían antes del establecimiento del monoteísmo. Pero también se refleja en el nombre Elohim la realidad histórica de cómo se desarrolló el judaísmo en el Antiguo Oriente Próximo.

En su capa más temprana, el judaísmo se aferró a una cosmovisión henoteísta (un Dios entre muchos). Esto fue modificado al monoteísmo con el tiempo, comenzando en el siglo 6 a 7 a. C. y continuando a través del exilio babilónico.

Jésed (Bondad Amorosa)

Jésed es el amor ilimitado de la divinidad. Incondicional y sin reservas, es el amor que todos deseamos como humanos. Jésed también puede traducirse como "misericordia", pero la traducción preferida es " bondad amorosa".

Hay una extravagancia en la bondad de Dios, lo que es de esperar teniendo en cuenta que la fuente no tiene fin. Este atributo de Dios es primordial, precediendo a todos los demás. Sin ser provocado, llueve sobre la creación "porque sí".

En Jésed se funda la creación, y en ese fundamento, la bondad amorosa se suministra ilimitadamente, sin ser provocada y en abundancia.

Esta sefirá está vinculada al nombre divino El (Dios) o El Elyon (el Altísimo). La palabra hebrea "El" en el pre-monoteísmo describe a cualquier dios. Esto se evidencia en el nombre "El Elyon", que se traduce como el "dios más alto", reflejando el henoteísmo primitivo del judaísmo.

Gevurá (Poder)

La Gevurá está en tensión con el Jésed. Mientras que los fundamentalistas de todo tipo se aferran a la Gevurá y al juicio y el castigo que significa, sin el equilibrio de Jésed (que se da libremente a todos los seres y no solo a los justos), la humanidad y la creación que habita se doblegarían bajo el peso de la Gevurá.

¿Y sin Gevurá? La Creación sería absorbida y volvería al Ayin con Ein Soph, a sí misma. La realidad de este equilibrio entre la bondad amorosa y el poder/justicia es un tema común en toda la literatura judía, incluyendo el Talmud, el Midrash y el Tanaj (la Torá escrita). Porque en el equilibrio está la integridad del propio árbol y la de la creación. Esta es una de las características más importantes de la arquitectura del árbol y una verdad que sostiene la naturaleza de Dios y de la creación de Dios.

El nombre asociado a Gevurá es, de nuevo, Elohim.

Tiféret (Belleza)

Para equilibrar aún más la tensión entre Jésed y Gevurá está en el centro del árbol la sefirá Tiféret. También llamada "gloria", Tiféret sirve como un equilibrio adicional para asegurar la funcionalidad del universo y todo lo que abarca.

Esta sefirá es unitiva, reúne los nueve atributos superiores y se considera el atributo principal. Algunos Árboles de la Vida nombran a Tiféret Rahamim (Misericordia). La raíz de la palabra Rahamim también es instructiva, ya que es la misma que la de la palabra "vientre" (Rachem).

Y así, justo en el centro del Árbol de la Vida hay un útero que unifica las otras sefirot para unificar los atributos de Dios y, por tanto, la creación. Al mismo tiempo, esta matriz da a luz a la belleza que sirve como uno de los rasgos más convincentes de la divinidad.

El tetragrámaton (YHVH) es el nombre más asociado a Tiféret, y a la letra "vav".

Nétzaj (Victoria) y Hod (Esplendor)

Al igual que la interacción y la tensión entre Jésed y Gevurá, Nétzaj y Hod son sefirot "codependientes". Sin embargo, sus emanaciones se centran más en el mundo material que en el espiritual, lo cual es una distinción importante. La victoria de Nétzaj es la de la obra de Dios en la creación, compuesta principalmente por la gracia y el amor a lo creado. Hod describe el juicio de Dios y cómo se administra. Hod también describe la profecía y su poder para unir, acusar y mover a la humanidad.

El nombre asociado a estas dos sefirot es YHVH Tsebaoth (el Señor de los Ejércitos), pero también Elohim Tsebaoth (Dios/dioses de los ejércitos). El intercambio energético entre estas dos sefirot como atributos de Dios es una tensión sin la cual se produciría un desequilibrio. El juicio ardiente y la profecía igualmente ardiente impiden un festival de amor aniquilador y el colapso total de la creación en su fuente.

Yesod (Fundamento)

Yesod es el fundamento, pero también la fuerza reproductiva de la naturaleza en la creación, encarnada en la fertilidad de todas las criaturas y que abarca los cultivos y otras formas de vida vegetal. Uniendo los dos pilares a ambos lados del Árbol de la Vida, directamente debajo de Tiféret, esta sefirá aparece por encima de Shejiná/Maljut proporcionando un conducto entre el vientre central del Árbol y el potencial creativo de Shejiná/Maljut, facilitando la fecundidad al inundarlo de vida a punto de nacer.

Yesod, por tanto, está simbolizado por el miembro masculino y se asocia estrechamente con el rito judío de la circuncisión, signo de pertenencia, y la mitzvá (mandamiento o acto bendito), que pone a los judíos varones bajo el paraguas de la pertenencia judía.

Yesod está asociado al nombre de Dios, El-Hai (el Dios vivo) y El Shaddai (Dios todopoderoso/Dios de las montañas).

Shejiná (la Presencia Divina)/Malkhut (Soberanía)

En la base del árbol está la Presencia Divina, conocida popularmente como Shejiná. Todas las demás sefirot se sintetizan en esta emanación, que es la experiencia humana de Dios, más allá de todo ejercicio intelectual, pero conocida en el corazón y el alma del creyente.

Con Ein Soph como Dios soberano, la humanidad conoce la presencia y las cualidades de Dios a través de la representación de Shejiná/Maljut. En tiempos de exilio, la Shejiná va con el pueblo judío. Y cuando todas las andanzas cesen con la revelación del Mesías, también la Shejiná cesará en sus andanzas.

Shejiná/Maljut está asociada con el nombre de Dios, Adonai (Nuestro Señor - reflejando la soberanía de Dios sobre la creación).

Como en el Cielo, en la Tierra

La naturaleza equilibrada del Árbol de la Vida expresada en las sefirot refleja el papel de la humanidad como guardián de la creación. Nuestra comprensión de las emanaciones divinas, tal como se expresan en ellas, realiza su propósito, que es comunicativo y escatológico (definiendo el propósito de la creación y el éxtasis que eventualmente la llevará a una relación sin obstáculos e impoluta con su Creador).

Lo que hacemos aquí, como humanos, repercute en el cielo. Esta instrucción se encuentra en las escrituras cristianas, tal y como la pronunció el judío nazareno, Jesús, en Mateo 18:18, quien dijo que lo que "atamos en la tierra será atado en el cielo" y lo que "desatamos en la tierra será desatado en el cielo" (Mateo 18:18).

Este concepto de consecuencias sincronizadas para las acciones humanas es el problema que los sefirot están aquí para ayudarnos a resolver. En su equilibrio entre juicio y bondad, victoria y esplendor, el Árbol de la Vida formado por las sefirot es una guía para la actividad humana. El mandato es claro: que nosotros, en nuestras acciones, nos hagamos eco de ese equilibrio para asegurar que la vida en el cielo y la vida en la tierra funcionen en conjunto y en armonía.

Es cuando se logra ese equilibrio cuando puede producirse la unidad de Dios con la humanidad, provocando la revelación del Mesías. Y ese equilibrio y unidad solo pueden ocurrir, siguiendo las afirmaciones de los místicos judíos, mediante la aplicación ferviente de la oración, la meditación, el cumplimiento de las mitzvot y el dominio de un alma volcada hacia lo divino.

En las sefirot, vemos un esbozo de los textos tradicionales del judaísmo. Encapsulados en perfecto equilibrio, forman una imagen no solo de lo que Dios puede ser, sino de lo que tenemos el potencial de ser y lograr a través de la adoración, el estudio, la vida recta y la acción recta, por medio de las mitzvot.

En nuestro próximo capítulo, hablaremos del mundo de las sefirot en términos de los conceptos de tzimtzum, shevirah y tikkun.

Capítulo 5: Tzimtzum, shevirah y tikkun

Como hemos leído en el capítulo anterior, el Árbol de la Vida nos proporciona un medio para entender los atributos de Dios y cómo funcionan en la creación. Hemos aprendido sobre el equilibrio y la armonía que representan. Observando y estudiando el Árbol, descubrimos que, si bien Dios es conocido en la creación, las sefirot nos ayudan a aprehender un nivel más profundo de comprensión, actuando como nuestras guías.

Pero las sefirot también tienen una historia intensamente dramática que compartir sobre cómo llegó a ser la creación, en los conceptos de tzimtzum, shevirah y tikkun.

Tzimtzum

Comprender el comienzo del proceso por el que se inspiró la creación fue el surgimiento gradual de Ein Soph a partir del estado de "devenir" de Ayin (una nada que es algo). En el tzimtzum, la voluntad divina pone en marcha una estrategia única en la que se hace "espacio" para la Creación y todas sus criaturas.

Algunos textos cabalísticos han descrito el tzimtzum como una contracción gradual de la divinidad para hacer esto posible. Pero Isaac Luria vio esto de manera muy diferente. Sostuvo que la obstrucción del Ein Soph a través de la contracción fue repentina. En la mente de Luria, Ein Soph transformó la relación de la deidad en este caso de "ilimitada" a "limitada".

El significado literal de tzimtzum es "contracción", pero esta contracción también supone una transformación. El Ein Soph Aur (la luz de lo ilimitado), como se explica en el Etz Jaim de Jaim Vital, es una manifestación del poder divino, pero adoptando las propiedades etéreas de la luz, que es transitoria e impermanente. Para que la creación se lleve a cabo, el Ein Soph Aur tuvo que ocultarse o transformarse, subsumiendo lo infinito por lo finito.

Los rayos del sol ofrecen una digna analogía. Mientras la luz mayor del sol brilla sobre nosotros, el rayo de sol es indistinto. No tiene ninguna individualidad, sino que forma parte de la luz y el calor del sol. Lejos del sol, cuando se le observa como lo que es - un rayo de sol se convierte en lo que es: "un rayo de sol", de forma única. Del mismo modo, el Ein Soph Aur, observado, es una manifestación finita de la gran luz del infinito.

Otra analogía adecuada es la de Einstein "quitando" o "contrayendo" sus conocimientos de física cuántica para enseñar a sus alumnos las matemáticas básicas. En aras de la revelación y para que los estudiantes pudieran ascender a niveles superiores de comprensión matemática, acordonó este conocimiento para crear una base firme. Esto es muy parecido al proceso de tzimtzum.

Por el bien de la revelación en el orden creado, Ein Soph limitó su carácter ilimitado.

Lo que significa tzimtzum es que Ein Soph no solo se contrajo y ocultó para realizar el acto de la creación, sino que emanó en esa creación como un elemento natural. Esta transformación no representa ningún cambio en la naturaleza de Dios. Dios no cambia. Como se dice en Malaquías, "Yo, Dios, no cambio" (Malaquías 3:6).

Sin cambiar, Dios crea temporalmente un espacio en el concepto de tzimtzum, casi como si asumiera un disfraz.

El Dios de la creación es el mismo hoy, distante y sin embargo presente en la materia de la creación. El cambio se produjo en el acto mismo de la creación, que es una revelación del poder divino y una manifestación de su eternidad, tal como se realiza a través del Ein Soph Aur.

Reshimu

Después del tzimtzum, queda un "residuo", parecido al que puede quedar en una botella de aceite de oliva vacía. En el jasidismo, este residuo se explica cómo una serie de letras. Esta es la traducción literal de la palabra "reshimu" – "letras del residuo".

En esencia, el acto de creación de Ein Soph fue evaluado primero como una inspiración, con las letras del residuo representando la formación de la voluntad divina antes del tzimtzum. Esto explica el potencial de la autolimitación que representa el Ein Soph Aur.

"Definición" es una palabra clave aquí, y el reshimu la proporciona a través del vehículo del lenguaje. En la Cábala, las letras construyen las palabras que transmiten el significado y se llaman kelim (recipientes). A través de los kelim, llegamos al significado de las palabras formadas, el cual es el Ohr (luz).

El tzimtzum dio origen a los kelim que solo existían como conceptos antes de la creación. Infundidos con el Ein Soph Aur, fueron los agentes de la definición, representando la posibilidad de ocultación/contracción. En el tzimtzum, los reshimu fueron drenados de Ein Soph Aur, haciendo posible la limitación de Ein Soph a través de su acción definitoria y de construcción de límites.

Reshimu también podría explicarse como "memoria". Recordamos ciertos acontecimientos clave de nuestra vida, pero no podemos revivirlos. Recordamos el sabor del vino después de haberlo consumido. El sabor permanece en nuestra boca cuando hemos bebido el vino. Estos recuerdos y huellas son comparables a las huellas del Infinito a las que nos acercamos a través de los textos de la Cábala.

Los cuatro mundos

La Cábala postula un proceso de creación de cuatro etapas, descritas como cuatro mundos. Para empezar, las etapas del proceso creativo de un proyecto de construcción podrían ser algo así:

- Inspiración/concepto
- Desarrollo del concepto
- Planificación
- Construcción

Y los cuatro mundos representan el mayor proyecto de construcción de todos los tiempos: el de la creación. Cada uno de ellos corresponde a una etapa del proyecto de construcción, y a cada etapa le corresponde una sefirá o un grupo de sefirot.

Atzilut (inspiración/concepto)

En este mundo se manifiestan las sefirot. El nombre de este mundo – Atzilut – se deriva de la raíz "aitzel", o "junto a". También puede interpretarse como "que emana de". Este es el mundo realizado inmediatamente después de que el Ein Soph Aur se contraiga, a través del acto de tzimtzum.

En este primer mundo, creado tras el tzimtzum, nace la creación finita. Drenados del Ein Soph Aur, los kelim o recipientes se despliegan para definir la naturaleza de Dios.

Pero Atzilut sigue estando en el ámbito de lo Ilimitado, que se refleja en la naturaleza de las sefirot. Al llevar los nombres del Ilimitado, también son infinitas en su alcance y carácter, como emanaciones de los rasgos de Dios. En Atzilut, cada sefirá se revela como distinta. Aunque interactúan con todas las demás y las llevan en su interior, se definen como autónomas.

Jojmá corresponde a este mundo, que es el potencial de la creación.

Briah (desarrollo del concepto)

En este mundo, el potencial toma forma a medida que se desarrolla el concepto de la creación. Todavía no se ha creado, físicamente, un plan que se está elaborando. La palabra Briah significa explícitamente "creación". Aquí es donde el proceso creativo se libera, convirtiéndose en algo propio.

Briah también se llama el "Trono Divino" (Kisé HaKavod). La idea es que Dios ha descendido para sentarse, contactando con lo tangible en el proceso creativo. Como Briah es ese proceso que se acerca a lo tangible como un concepto independiente, Dios está sentado entre los mundos.

Los ángeles y las almas son creados en el mundo de Briah. Son los serafines, de la raíz seraiphah (fuego). A través de su intervención, se cumplen los requisitos energéticos de la creación. Los serafines de fuego son los que están más en contacto con Ein Soph, ardiendo con la intensidad del vínculo.

La sefirá Biná corresponde a este mundo.

Yetzirá (planificación)

Yetzirá, que significa "formación", es donde se finalizan los planes de lo que será la creación. Aquí es donde se toma posesión del proyecto de construcción, a medida que se acerca a la realidad material.

Yetzirá, es el hogar de los "seres santos"; las chayot ha kodesh. Se trata de los arcángeles Miguel, Gabriel y Rafael, y cada uno está asociado a una sefirá correspondiente. Rafael a Tiféret, Miguel a Jésed y Gabriel a Gevurá. Los seres sagrados en el mundo de Yetzirá, operan en conjunto con las propiedades de estas emanaciones. De nuevo, a través de la intervención de los ángeles, los rasgos divinos infunden e informan a la creación. Tal y como se planifica, estas emanaciones se entretejen en la complejidad de la obra en cuestión.

Este mundo se corresponde con las 6 sefirot "emocionales" desde Jésed hasta Yesod.

Assiah (edificación)

Assiah es donde tiene lugar la acción. La inspiración ha pasado por las etapas de planificación y está dando sus frutos en este mundo.

Fluyendo a través de los conductos creados por los arcángeles de Yetzirá, se crean los 4 reinos de la creación en forma humana, mineral, vegetal y animal.

En el mundo de Asiyah se da una fascinante paradoja. Mientras la creación se está formando en toda su majestuosidad y belleza diversas, su Creador se ha contraído y está trabajando en el vacío construido a propósito para ocultar el tzimtzum, la fuente de todo ello.

El Ein Soph está oculto de lo que ha sido creado a través de esa voluntad divina, hasta el punto de que la creación ignora su fuente. Pero lo interesante es que el resultado es el libre albedrío. La humanidad no está obligada a reconocer la presencia del creador. El conocimiento de Dios es, debido al tzimtzum, una cuestión de albedrío personal. Así, oculto, el Creador nos invita a buscar su escondite.

En el mundo de Assiah, existe un profundo desafío para la humanidad. Al materializarse, la elección de buscar el escondite de Dios se revela como su verdadero propósito. En el escondite, Dios ha construido un hogar para sus criaturas, y en Assiah, se lanza un reto para que se descubra de dónde puede haber salido todo esto.

La sefirá asociada a Assiah es Shejiná/Maljut. Desde el punto de vista de Shejiná, la materialización de la creación en su construcción divina está infundida, en cada molécula con todos los atributos de Dios y este mundo final, con la presencia divina. Desde el punto de vista de Maljut, Dios como soberano, creando y reinando sobre la creación en la ocultación, está distante y sin embargo inmanente a través de las emanaciones y la acción de los ángeles.

Assiyah es la autonomía de la creación y el desafío del libre albedrío. Pero el Dios Soberano en el autoexilio del tzimtzum ha lanzado una invitación explícita a jugar al "escondite" a aquellos dispuestos a "jugar".

Shevirat

En 1570, Isaac Luria introdujo el concepto de shevirat en el canon de la Cábala. Llamada shevirat hakelim (la ruptura de los vasos), en la que las diez sefirot son representadas como vasos que ya no pueden contener la luz de la santidad. En respuesta a esta intensa presión, se rompen y se inicia el proceso de la creación.

Esta ruptura tiene lugar en el vacío (ayin), que en este modelo se denomina "tohu" (caos). El tratamiento paralelo de Luria de la narración de la creación en el shevirat hakelim fue extraído del estudio e interpretación del Zohar.

La ruptura de las sefirot en la shevirat distribuye los fragmentos de los kelim por todo el universo. Pero el modelo habla directamente de la ruptura del judaísmo histórico. La ruptura de los diez mandamientos por parte de Moisés en el monte Sinaí es solo un ejemplo, y la destrucción de los dos templos también es un momento crucial. Esta ruptura tiene su eco en la shevirat, que es un anticipo primordial de la historia aún por escribir en términos lurianos.

Una teoría de la Cábala interpreta la shevirat no solo como una respuesta a la presión de contener el Ein Soph Aur, sino a la inestabilidad de la naturaleza de la luz contenida. La teoría afirma que los kelim contenían la luz del mal y del bien y ya no podían ser contenidos. Esto representa la ruptura de las vasijas como un acto de purificación, de limpieza de la divinidad. Esta teoría tiene apoyo en la Torá, concretamente en Isaías 45:7, en el que Dios revela: "Yo formo la luz y creo la oscuridad: Yo hago la paz y creo el mal. Yo, el Señor, hago todas estas cosas".

Volvamos por un momento a la ruptura de los diez mandamientos. Moisés los rompió debido a su frustración con los israelitas. Habiendo creado el becerro de oro como una especie de elemento de ayuda visual, habían roto el pacto a través de los mandamientos al hacer una representación idolátrica. Pero Dios no había terminado con Moisés, ni Moisés con los intratables israelitas. Volvió al monte Sinaí y fue honrado con un segundo juego de tablas. Estas fueron colocadas con las rotas dentro del Arca de la Alianza y llevadas con el pueblo mientras se dirigían a la Tierra Prometida.

En esta narración hay una verdad que se corresponde sorprendentemente con la shevirat. Siguiendo la interpretación de shevirat hakelim como una purificación del mal en los atributos divinos, debemos preguntar a dónde fue ese mal. Pues bien, ¡a ninguna parte!

Tohu, como caos, es eterno, y el mal dispersado es eterno. Las narraciones del Éxodo nos dicen que la vida tiene sus momentos de ruptura y los de redención, y ambos deben ser llevados con nosotros para honrar esa tensión. De nuevo, el equilibrio es el mensaje. Las vidas humanas no están destinadas a estar libres de rupturas. Por el contrario, deben definirse tanto por la ruptura como por la integridad, el fracaso y el triunfo, la tristeza y la felicidad. Y esta es la presencia de Dios tal y como la define la shevirat – no todo puede ser sol y alegría todo el tiempo. El mal está siempre con nosotros, y nuestra relación con él, aunque no siempre es una cuestión de libre albedrío, es nuestra para explorar y definir. Llevando con nosotros nuestro quebranto con el mismo orgullo que llevamos nuestra integridad, somos plenamente humanos y estamos totalmente presentes en la realidad de la vida.

Así pues, la shevirat, aunque describe un acontecimiento de ruptura, contiene el último de los conceptos que trataremos en este capítulo - tikkun - la reparación. La creación, debido a la shevirat, no es solo una elección y un desafío. Es un pacto en sí mismo, celebrado con todo el orden creado. Esos fragmentos rotos son nuestros para encontrarlos y devolverlos a su fuente eterna. Así es como se repara la creación: con tikkun olam "la reparación del mundo".

Tikkun

Mientras que el concepto de tikkun olam ha adquirido una enorme popularidad a través de la vía del judaísmo reformista, la interpretación luriana tiene una orientación mucho más espiritual. Mientras que la interpretación popular obliga al activismo y al apoyo a la comunidad - ambos pueden ser "curativos" - el punto de vista luriánico trata de la curación espiritual y la paz en el orden creado, a través de la reconstrucción de los kelim.

La comunidad judía jasídica es la más potente defensora de este último punto de vista, que busca la presencia divina a través de actos por lo demás mundanos. En la comida y en otras necesidades y prácticas cotidianas, esta presencia se reconoce y se sirve ordenando el mundo material para que responda a los deseos percibidos de Dios. Al vivir cada día al servicio de Dios en cada acción realizada, los jasidim están realizando tikkun.

Así, mientras que la percepción popular de tikkun olam es la de reparar el orden material creado, el misticismo judío ve el proceso como algo espiritual - reparar el mundo desde el interior de cada alma viviente. En la reparación del alma y su relación con su fuente divina está la verdadera curación holística del orden creado.

El enfoque de Isaac Luria sobre el tikkun es complejo. Su modelo postula que el trabajo de tikkun se llevó a cabo en la creación del hombre primigenio - Adán. Pero no es así como se desarrolló la historia, como sabrán los lectores.

La historia que probablemente desconocen es que Adán solo necesitó seguir las instrucciones contemplativas de la divinidad para realizar tikkun. Situado en el jardín del Edén, la cúspide de la creación, tenía todo lo que necesitaba para hacerlo.

En lugar de ello, cogió la manzana y la mordió. Esta única acción creó un efecto mariposa, deshaciendo el trabajo de tikkun ya realizado. ¿Y por qué? Porque la purificación de la luz divina se había deshecho. Una vez más, la bondad se mezcló con el mal, y el orden creado estaba tan confuso como el tohu del que emanaba.

Siguiendo a Luria, el trabajo de tikkun es un asunto continuo y urgente debido a la acción del hombre primigenio. Así, la caída de Adán provocó la reunión continua de los fragmentos de kelim, rotos en shevirat hakelim, y la reunión de la luz en las almas de los humanos hacia la reparación espiritual de la creación.

Luria vio la ruptura como una doble catástrofe - una en el reino divino - shevirat hakelim otra, en el reino del alma humana - el pecado. Para reparar la primera, se requiere una acción por parte de la humanidad, y esa acción es adherirse a la santidad. Como he dicho antes, los jasidim (de los que se hablará en la siguiente sección de este libro) se apartaron de la interpretación de Luria del orden creado como un lugar de contaminación espiritual.

Pero esta idea no era novedosa en la época de Luria. Llega a la historia a través de una antigua fuente - el gnosticismo judío. Surgida en el siglo I, esta escuela de pensamiento creía que el conocimiento de Dios representaba la salvación, pero creían que este conocimiento solo podía obtenerse a través de una revelación directa. Además, los gnósticos repudiaban el mundo material como intrínsecamente malo. Aunque el tratamiento del mal en la Cábala luriana es mucho más complejo y quizá menos espiritualizado que el del gnosticismo, hay un eco de este pensamiento en el enfoque jasídico de la vida en el mundo.

Y ese enfoque está en consonancia con el concepto luriano de que lo material contiene el mal, que debe ser purgado de la creación. Y este es el punto de partida clave del tikkun de la Cábala luriana y el del tikkun popularizado. Mientras que el tikkun popularizado busca reparar el propio mundo, el tikkun luriano se centra en el mundo espiritual y en el restablecimiento de la perfección de la creación. No busca reparar este mundo, sino el siguiente.

Así, el tikkun olam (el mundo de la reparación) es una creación purificada de la contaminación espiritual, habiendo reparado los problemas del pecado de Adán y de shevirat hakelim, trayendo con esa restauración la llegada del Mesías.

El tikkun olam es el legado de la humanidad. Habiendo dejado caer la pelota en un momento crucial, la humanidad está ahora encargada de la custodia del orden creado (siguiendo el encargo divino del jardín del Edén) como equipo de limpieza. La divinidad espera el regreso de las piezas destrozadas de las sefirot y el restablecimiento de la impecabilidad trascendente de la creación. Pero esto solo puede lograrse mediante la ardiente disciplina espiritual de los seres humanos.

En nuestro próximo capítulo sobre la Cábala, examinaremos las tradiciones del misticismo lingüístico y la gematría y su lugar en el misticismo judío.

Capítulo 6: El misticismo lingüístico y la gematría

El misticismo es un componente de las creencias religiosas muy incomprendido. Algunos lo llaman locura, otros delirios. Pero podrían pensar de otra manera si supieran que el misticismo lingüístico que se encuentra en el canon de la Cábala es la forma en que el procesamiento del lenguaje natural (PLN) en la inteligencia artificial tuvo su inicio.

Centrado en la comunicación entre humanos y máquinas, la mayoría cree que Alan Turing (1912 - 1954) es el padre de la PLN, por su afirmación de que la inteligencia generada por los ordenadores podría interactuar coherentemente con los humanos. Pero Turing, a pesar de todas sus brillantes contribuciones al campo, estaba a años luz.

El locus classicus de la PLN se encuentra en la pluma de Abraham Abulafia (1240 - aprox. 1291) en España. La práctica de Abulafia consistía en escribir letras del alfabeto hebreo, combinándolas de diversas maneras. Aunque el proceso podía parecer aleatorio para cualquiera que lo viera garabatear, el suyo era un sistema distinto que él llamaba ciencia.

Descubierto durante su estudio del Séfer Yetzirá, Abulafia empleaba un reglamento secreto a partir de las páginas de este texto cabalístico. Este texto describe que la creación se formó combinando las letras del alfabeto hebreo. El intenso estudio del Séfer Yetzirá por parte de Abulafia concluyó que los símbolos del lenguaje podían transformarse aplicando las reglas reveladas en sus páginas, llegando a afirmaciones que iluminaban aún más el texto original.

De este modo, Abulafia escribió los libros de la Cábala profética, pasando meses combinando las 22 letras del alfabeto para llegar a los textos reales. Afirmaba que los libros, debido a la metodología que había utilizado, estaban impregnados de la sabiduría de los profetas bíblicos.

Pero no todo el mundo estaba de acuerdo, y parte de la razón de ese desacuerdo es *el cuento del Golem*. Para nuestros propósitos aquí, el golem fue una creación inanimada de una variedad de rabino, mediante la aplicación de las fórmulas establecidas en Séfer Yetzirá. En algunos de estos relatos sobre la actividad creativa prohibida llevada a cabo por los seres humanos – que ocupan efectivamente el lugar del Todopoderoso – este golem se volvió contra el rabino. En otros, el golem actuaba como sirviente. Se dice que algunos rabinos crearon ganado para comer. Pero hay una clara tendencia en los jasidim a advertir contra la creación de criaturas vivas, especialmente en el más famoso de los cuentos, que tiene lugar en Praga.

Aunque rudimentaria, esta característica del misticismo lingüístico es muy similar a la PLN, lo que subraya la complejidad del pensamiento vertido en la producción de los textos cabalísticos durante muchos siglos. El misticismo judío es cualquier cosa menos simple y, roza la genialidad en sus construcciones y exploraciones del lenguaje y los números.

La palabra divina

La idea de que el lenguaje tiene un gran poder está presente en la Biblia, especialmente en el relato de la creación. Ya he hablado en este libro de la denominación del sol y la luna, reduciéndolos a funciones en el contexto de la creación, donde los paganos los adoraban como dioses.

Pero el hecho de que la narración de la creación describa a Dios como una acción creativa a través del poder del lenguaje es un punto mucho más destacado en nuestro debate sobre el misticismo lingüístico. A lo largo de la Biblia se aclara que "las palabras importan". Las palabras son creativas, activas y casi materiales en su poder.

El judaísmo tradicional está profundamente comprometido con la santidad de la lengua hebrea debido al uso de la palabra directa de Dios en la instigación del orden creado. En Séfer Yetzirá, la creación se lleva a cabo mediante el despliegue del alfabeto y el de los diez números cardinales (de los que hablaremos un poco más adelante en este capítulo, bajo el epígrafe "gematría").

Volviendo a la colocación del sol y la luna en su lugar como servidores del orden creado, es importante señalar que el misticismo judío establece un vínculo directo entre los nombres de las cosas y la cosa misma. Este es el poder del nombre y el poder de la palabra en la narrativa – despoja al sol y a la luna de su anterior estatus de deidades, poniéndolos bajo la autoridad del único Dios y soberano.

¿Qué contiene un nombre?

Por ejemplo, la capa más antigua del canon cabalístico, el Séfer ha-Bahir y el Séfer Yetzirá, contiene muchas listas de ángeles y nombres de Dios, junto con interpretaciones. En la España del siglo XIII, se estudiaron detenidamente y se acompañaron de la formulación de ecuaciones numéricas, siguiendo el Tanaj. El objetivo era interpretar las escrituras hebreas mediante la interpretación de los nombres y las pistas que proporcionaba la asignación de un número a cada letra. Algunos practicantes utilizaban estas fórmulas e interpretaciones para influir en los reinos celestiales. Pero místicos como Abraham Abulafia, con su temprana PLN, creían que los nombres divinos eran la clave para desvelar los secretos más profundos que se encontraban en todo el canon de la literatura judía. Creía que el sistema descrito en el Séfer Yetzirá podía llevar al practicante ferviente a un estado de unificación con Dios.

La piedra angular de tikkun

Es en la destrucción del Primer y Segundo Templos donde encontramos un impulso para la reificación del lenguaje en el misticismo judío, como explica brillantemente el erudito Moshe Idel. La materialización del lenguaje creó un medio por el que el judaísmo podía construir ese templo indestructible que contemplábamos antes en este libro.

Mediante la aplicación de la oración ferviente, el cumplimiento de las mitzvot y el estudio de la Torá, se planteó que se podía construir un templo espiritual. En cada oración está la piedra angular de la fe judía, reconstruyendo el templo piedra a piedra – o palabra por palabra, letra a letra.

Las oraciones de los fieles sustituyeron a los sacrificios rituales del templo. Además de formar parte del equipo de limpieza de los shevirat hakelim, estas acciones lingüísticas y la espiritualidad asociada a ellas son una administración expresamente ordenada por Dios como base del tikkun. La voluntad divina de hacer la palabra había construido la creación. A cambio, la humanidad está obligada a reconstruirla mediante estas disciplinas espirituales.

En el pensamiento místico judío, las palabras son piedras colocadas unas encima de otras hasta que surge una creación perfeccionada, totalmente curada. Y la oración es la piedra angular de ese esfuerzo. Pero lo más importante es el lenguaje a partir del cual se crea la oración. El simbolismo y el objeto conectado a él son la forma en que el lenguaje tiene el potencial, cuando se despliega de forma ritual, para impactar en el reino divino.

Esta creencia es fundamental para el jasidismo (especialmente en el siglo XVIII), expresada principalmente a través de la Cábala luriana y en el Zohar. En general, el misticismo judío se adhiere a la creencia de que el lenguaje es una entidad material que tiende un puente entre la humanidad y Dios en su reconstitución del antiguo templo.

Séfer Yetzirá y la mística lingüística en la creación

En Séfer Yetzirá, las letras del alfabeto hebreo son mucho más que emisarios de la fuerza creadora divina. También son representantes del orden creado. En la lengua hebrea se encuentra la creación, y en la creación se encuentra la lengua hebrea.

Este es el texto que tanto influyó en Abraham Abulafia para la elaboración de la Cábala profética. El alfabeto se forma con la segunda sefirá (Jojmá, "sabiduría"). La narración muestra a Dios combinando las 22 letras de todas las formas imaginables como parte del acto de la creación. La libertad inherente al uso de las letras, que queda fuera del canon tradicional de las escrituras judías, es la de la divinidad y solo la de la divinidad.

El lenguaje, en Séfer Yetzirá, adquiere un significado cósmico. En concreto, la lengua hebrea se presenta como propia de Dios, infundiendo a la creación la palabra divina que la hizo nacer.

La literatura de Hekhalot

Los antiguos textos de la tradición de la Merkabá subrayan aún más la importancia del lenguaje para los místicos judíos. En la literatura de Hekhalot, el nombre de Dios se describe como intrínseco, con el tetragrámaton y Dios descritos como consustanciales (de una sola sustancia).

Hekhalot describe además cada letra del alfabeto como un nombre de Dios, por sí mismo. Esta idea resuena en las tradiciones cabalísticas, especialmente en el Séfer Yetzirá, donde el alfabeto está implicado en la propia Creación. Así, en su capa más temprana, el canon describe las letras del alfabeto hebreo como poseedoras de una fuerza divina, pero también como un vínculo entre Dios y la humanidad, inherente a la creación.

En este esquema, las cualidades energéticas de las letras del alfabeto provocaron la aparición de la creación, ya que el Creador las pronunció.

Gráficos y Cábala

La Cábala también se ocupa de la representación gráfica de los caracteres hebreos, ya que estos constituyen los símbolos de las sefirot. Un cambio en sus formas sería considerado un acto hereje, ya que esto distorsionaría la imagen de Dios.

Así que, hablado o escrito, el significado del alfabeto hebreo en el misticismo judío va mucho más allá de lo que se transmite en el texto o de sus interpretaciones. A través de las formas de las letras – y para los cabalistas, el espacio en blanco que las rodea – se transmite el significado, reduciendo así la distancia entre el símbolo y lo que simboliza. Las propias letras se convierten en iconos sagrados. Acercarse a la plenitud de la literatura religiosa judía teniendo esto en cuenta es fundamental para entender la experiencia mística del lenguaje que encarna la Cábala.

El Sefer ha-Temunah (el Libro de la Figura, finales del siglo XIII) es una prolongada descripción e interpretación del estatus místico de los caracteres hebreos, presentándolos como símbolos de las sefirot. Pero este libro no es el único que se esfuerza por reificar el alfabeto hebreo. Le acompañan otros en una línea similar. Se supone que Shemhamphorash (El secreto del tetragrámaton) fue producido por el mismo autor, aunque la atribución es confusa.

La tradición de la gematría acompaña a la tradición del misticismo lingüístico. Este sistema, que asigna valores numéricos al alfabeto, sirve como herramienta interpretativa, añadiendo otra capa de significado al estudio de la literatura sagrada.

Gematría

Derivada de la teoría helenística (griega) de los números (isopsefia), la gematría asigna un valor numérico a las letras. Con este modelo, los lectores pueden sumar los valores de las letras para llegar al valor numérico de una palabra. Esto proporciona un medio de interpretación en el que se puede detectar el significado espiritual a través del valor numérico de la palabra.

Las fuentes de la Mishna remontan esta práctica a la época de los tanaítas, siendo el jasidismo clásico el mayor defensor de la gematría.

Guiados por la mispar, de la que existen dos versiones - el hechrachi (valor absoluto) y el gadol (valor mayor) - a los caracteres se les asigna un valor del 1 al 9, al principio del alfabeto (alef hasta tet), y luego del 10 al 90 (yod hasta tzadi). A la siguiente serie de caracteres se le asignan valores del 100 al 400 (kof hasta tav). Los últimos caracteres, que son los que se utilizan para terminar las palabras (es decir, mem sofit), también se expresan en múltiplos de 100, de 500 a 900 (kaf sofit a tzadi sofit), pero solo por el *Mispar gadol*. El *Mispar hechrechi* no asigna un valor a las versiones sofit de las letras.

En hebreo, las vocales se expresan como puntos (aunque no siempre se utilizan) y no se les suele asignar un valor numérico.

Existen numerosas mispar, pero describirlas todas iría mucho más allá del alcance de este humilde libro, así que asumiremos la mispar estándar como el "patrón de oro" para nuestra exploración del misticismo judío.

Sin embargo, la gematría no se limita a los místicos. También ha sido utilizada, periódicamente, por los rabinos del judaísmo tradicional. Pero la preferencia es confiar en la razón ilustrada en la corriente principal, el judaísmo rabínico.

La gematría en la literatura

La gematría, que es fundamental para el misticismo judío, apareció por primera vez en las obras de Platón. Encontramos su *locus classicus* (ejemplo original) en la literatura judía en el Baraita, escrito por el rabino Eliezer en el año 200 de la era cristiana. Este libro, que ya no existe, solo aparece en forma de referencias. En él se explican las 32 reglas para el estudio de las escrituras hebreas, y la regla número 29 es la gematría.

Pero es en Séfer Yetzirá donde se explica plenamente la aplicación sistemática de la gematría, como parte de su tratado sobre la centralidad de la lengua hebrea en la obra de la creación.

Los pietistas judíos alemanes del siglo XIII fueron un grupo de místicos ascéticos que también emplearon la gematría en las obras escritas que produjeron. Estaban muy influenciados por Abraham Abulafia. A mediados del siglo XVI, Moisés Cordovero escribió el Pardes Rimonim (El jardín de las granadas), en el que se habla ampliamente de la gematría.

En el siglo XVII, surgió una secta herética llamada los sabateanos, que también utilizaba la gematría, al igual que los jasidim del siglo XVIII, basándose en las tradiciones de la Cábala.

Hoy en día, la gematría se sigue utilizando entre los jasidim.

En nuestro próximo y último capítulo sobre la Cábala, examinaremos el Zohar, el Libro del Esplendor o del Resplandor.

Capítulo 7: El Zohar

Tradicionalmente atribuido a Shimon Bar Yojai, el Zohar consta de 23 libros, con un total de más de 1.000 páginas, y ofrece amplios comentarios sobre las escrituras hebreas y la espiritualidad. Estos comentarios se presentan como conversaciones mantenidas entre diversos líderes espirituales.

Aunque la tradición dice que el Zohar fue transmitido a Moisés en el Sinaí y luego se transmitió oralmente, fue compuesto originalmente en arameo, y el trasfondo histórico del libro ilumina el espíritu con el que fue escrito. Bajo la ocupación romana de Israel (63 a. C. - 135 d. C.), los judíos vivían a la sombra de la opresión. El énfasis del Zohar en el conocimiento secreto, que se pretende que esté estrechamente guardado, refleja la situación del pueblo judío en ese contexto. Las fuerzas de ocupación se centraron en limitar la influencia de los rabinos contemporáneos, por lo que muchos fueron martirizados, incluido el mentor de Bar Yojai, el Rabí Akiva.

Poco después del martirio de Rabí Akiva, Bar Yojai recibió un mensaje de que corría el riesgo de correr un destino similar, por lo que huyó con su hijo, viviendo en una cueva durante 13 años. Durante este tiempo, se dice que Shimon Bar Yojai (conocido como Rashbi) produjo el Zohar.

El Zohar, que no fue ampliamente conocido hasta el siglo XIII, fue cuidadosamente guardado hasta que Moisés de León lo publicó finalmente en España. Hay un gran debate sobre la autoría del Zohar, y muchos dicen que de León es el verdadero autor del libro, escribiendo en arameo para dar la apariencia de antigüedad.

Entender los textos del Zohar es un reto, incluso para los iniciados en el estudio de la Cábala. Se supone que contiene "candados" para limitar la transmisión procaz, pero revela y oculta a la vez. Solo en 2018 se publicó una traducción al inglés. Por lo tanto, la barrera del idioma limitó a quienes podrían leerlo a personas capaces de leer el arameo original o el hebreo medieval.

Los temas más importantes del Zohar se refieren al cosmos, a la naturaleza de la divinidad y a cómo se creó el mundo. También se aborda la relación de Dios con la creación a través de las sefirot, cómo se reveló la Torá, el pecado y el mal, los diez mandamientos, la oración, las antiguas prácticas del templo, el papel del sacerdote y las experiencias del exilio y las fiestas.

Siguiendo el orden de los libros de la Torá, el Zohar contiene múltiples sermones, pero estos adquieren un aspecto altamente místico, ya que describen a los personajes de la Biblia como "estados del alma" y como portadores de la divinidad. El libro adopta la forma de una narración y un viaje, en el que un grupo de místicos judíos viaja por la Tierra Santa con el propio Rashbi, discutiendo la Torá. La narración representa el viaje del alma espiritualmente hambrienta hacia la comprensión de la Torá en un nivel más profundo y personal.

El Árbol de la Vida y las sefirot también ocupan un lugar destacado en el *Zohar* y se presentan no solo como emanaciones de la naturaleza divina, sino como una "hoja de ruta" hacia la experiencia espiritual individual. Para el autor de la obra, el objetivo de la iluminación se consigue mediante el estudio. Así, el estudio se presenta como la forma más potente de espiritualidad y la cúspide de la práctica religiosa.

Erotismo espiritual

La Cábala busca unir a Dios con la humanidad, utilizando el vehículo de la contemplación. La contemplación espiritual en el contexto del Zohar es un proceso cargado de erotismo. Construyendo la relación sobre una vela encendida en la noche más profunda, buscar a Dios en la Cábala es buscar la presencia de un amante. Con Dios representado como la novia (Shejiná, la presencia de Dios), el estudiante busca la unión, y porque la presencia divina se pierde en el mundo. Esto se conoce en hebreo como devekut o apego divino. Las imágenes cargadas de sexo son comunes en el Zohar, así como las imágenes de nacimiento, que describen las manifestaciones físicas del amor en el corazón de la creación.

La secuencia inicial del Cantar de los Cantares (también llamado el *Cantar de Salomón* o el *Cántico de los Cantares*) es fundamental para la imaginería erótica zohárica, ya que dice: "Oh, que me bese con los besos de su boca" (Cantar de los Cantares 1:2).

El Cantar de los Cantares es único en el canon de las escrituras hebreas, ya que aparece en los Ketuvim (escritos). No hay ninguna instrucción religiosa en el libro. No se habla de la Ley ni de Dios. Sin embargo, el judaísmo considera que el libro es una descripción de la relación de Dios con la humanidad.

Lleno de imágenes sexuales del deseo entre dos amantes, este libro de la Biblia está estrechamente alineado con las imágenes sexuales del Zohar. Los comentarios sobre el Cantar de los Cantares siguen las explicaciones neoplatónicas del eros o amor erótico, incluyendo descripciones detalladas del acto de besar. Este tipo de descripciones también pueden encontrarse en la literatura árabe musulmana, como la epístola sobre la esencia del amor.

El beso se describe constantemente en este y otros textos del mundo árabe como la unión de los alientos de las personas que se besan (que sigue a la animación del muñeco de barro en la narración del Génesis creador por medio del aliento divino). La unión de los corazones sigue entonces a esta unión de los alientos.

Moisés ibn Tibbon (siglo XIII, Marsella, Francia) estuvo muy influenciado por los productores de estos textos, los hermanos de la pureza, ya que esa influencia se encuentra en abundancia en su comentario al Cantar de los Cantares. Tibbon lee el acto de besar de forma alegórica, reflejando la idea del neoplatonismo de que el alma está fascinada por la belleza del intelecto.

En el Zohar, el beso se ve como un acto del reino de las sefirot, en el que las entidades se besan y se impregnan mutuamente. El agente activo del alma en este escenario es el intelecto. Fascinada por la belleza del intelecto, el alma se entrega al beso, logrando la unión con la divinidad.

El beso expresa el amor entre lo divino y la creación, uniéndolos en una unión eterna y un amor no solo compartido, sino que los impregna mutuamente. Se enredan, sus esencias se funden y se vuelven consustanciales. Como en el amor humano intenso, es difícil discernir dónde empieza uno y termina el otro.

En el neoplatonismo, el alma procede del intelecto y, al reconocerlo, vuelve a su casa. La influencia de este sistema filosófico helenístico no se puede negar en el Zohar, ya que en sus páginas existe la misma secuencia de acontecimientos y erotismo espiritual.

El Zohar y la expulsión de España

La expulsión de los judíos de España en 1492 es otro momento crucial en el desarrollo de la Cábala. Sin embargo, antes de ese acontecimiento, los místicos españoles se situaron en la vanguardia del desarrollo cabalístico. Al igual que con la destrucción del Primer y Segundo Templos, el pueblo judío se volcó en la contemplación de la escatología (el fin de todas las cosas) y la aparición del Mesías.

En España, el siglo XIII puede caracterizarse como la edad de oro de la Cábala. Aquí encontramos a Abraham Abulafia y a muchos otros cuya obra se ha perdido en el tiempo. Pero esta es la época de la producción del Zohar por parte de Moisés de León (ya sea a partir del original de Bar Yojai o del conocimiento transmitido oralmente que emana de la antigüedad).

Muy influenciado por el jasidismo asquenazí, Abraham Abulafia avanzó un marco de pensamiento cabalístico que nos resulta familiar hoy en día. Enraizado en el éxtasis y la oración contemplativa, Abulafia creía que la fidelidad a la Cábala y sus doctrinas tenía el potencial de elevar al practicante al nivel profético.

Su fascinación por las posibilidades del álef-bet para revelar lo oculto se centraba en la Torá. Moshe Idel, un notable estudioso de la Cábala, algunos de cuyos trabajos se citan en este libro, explica que Abulafia veía la Torá como el texto principal del judaísmo. En la Torá, Abulafia veía la plenitud del intelecto y el incluso como imagen especular de la Divinidad.

A este punto de vista se añadía su conceptualización de la Torá como descripción de la constitución y los procesos psicológicos de los místicos. Esto divergía de los contemporáneos que veían la Torá en términos simbólicos, describiendo la existencia de las sefirot.

Abulafia también afirmó que era discípulo de Maimónides, conocido por este racionalismo extremo. Esto es interesante, ya que, aunque la Cábala es profundamente intelectual, trasciende el racionalismo. Pero Abulafia creía que su obra era una expansión de la realizada por Maimónides en la Guía de los Perplejos, que proponía un marco aristotélico para la comprensión de la divinidad y la creación, tal como se expresaba en la exposición de las formas (prototipos primordialmente existentes) del filósofo griego. Así que tal vez podría decirse que Maimónides se transformó a través de la lente del misticismo para llegar a una conclusión que nunca hubiera imaginado.

Pero fue la influencia de Abraham Abulafia sobre Moisés de León, la que transformaría el pensamiento cabalístico, y el pensamiento tradicional del judaísmo rabínico, a través del Zohar. Pero esto no fue reconocido hasta el siglo XX.

El lado oscuro del florecimiento del judaísmo en España y de la Cábala es la represión a la que se enfrentaron los judíos en la península ibérica del siglo XIII. Pero es precisamente en épocas de extrema presión sobre el pueblo judío cuando han surgido algunos de sus logros más elevados.

Centradas en el norte de España, en las provincias de Castilla y Cataluña, las tradiciones en las que se basaron los cabalistas españoles procedían de la Provenza, de Francia y de Alemania. Y aunque Gershom Scholem señala que se puede demostrar la influencia cristiana en estos escritos, está claro que la diáspora judía y la tradición de transmisión oral tuvieron mucho más que ver con el desarrollo de la cultura y la tradición judías en España antes de 1492.

Moisés de León

El vínculo del Zohar con el judaísmo tradicional se cristaliza aún más en Moisés de León. Al igual que Abraham Abulafia, estaba intensamente comprometido con los escritos y el pensamiento de Maimónides.

Pero en algún momento, a finales de la década de 1250 o principios de la de 1260, Moisés de León se apartó del racionalismo y se acercó a la Cábala. Para sumergirse aún más, circuló por Castilla, relacionándose con la comunidad mística judía del lugar.

En el rico contexto espiritual e intelectual de Castilla, de León entró en un periodo de intenso estudio, que emprendió para responder a la insurgencia del racionalismo (a pesar de que en su día fue partidario de Maimónides, el hijo predilecto de los rabinos del racionalismo).

Hacia finales de la década de 1270, plasmó sus pensamientos por escrito, acreditando a los sabios de la antigüedad como responsables de ello. Formuló estos escritos para difundir la Cábala compartiendo su visión única de la misma.

De este período, sus escritos forman el Midrash ha-Neelam (El Midrash Místico), que más tarde sirvió como pieza central del Zohar y llegaría a afirmar una enorme influencia en el mundo judío. El Zohar es el ejemplo más influyente de la literatura judía que surgió después del período talmúdico.

La influencia del Zohar

La primera publicación del Zohar tuvo lugar entre 1558 y 1560 en Mantua y Cremona, Italia. Estos acontecimientos provocaron una enorme controversia entre los seguidores de la Cábala.

El debate que surgió enfrentó a los puristas que creían que la divulgación estaba prohibida, ya que poner el conocimiento en manos de los no iniciados era indeseable, contra los que consideraban que dicha divulgación era necesaria para sanar la creación.

Tras la expulsión, el Zohar se convertiría en un texto muy apreciado, incluso comentado por los tradicionalistas, y algunas de sus doctrinas entrarían en el canon legal tradicionalista. Pero dondequiera que llegaba el Zohar, le seguía la controversia, ya que los puristas veían su contenido como una amenaza a la integridad de la tradición.

Y aunque la controversia se mantiene hasta el día de hoy, el Zohar se considera una parte intrínseca del canon judío de la literatura religiosa, elevado al estatus de las escrituras hebreas y el Talmud por los jasidim. El fundador del jasidismo, Baal Shem Tov (1698 - 1760), llevaba el Zohar encima, y contaba que veía la plenitud de la creación en sus enseñanzas. Y el Gaón de Vilna (1720 - 1797), aunque se oponía ferozmente al jasidismo, reconocía el estatus del Zohar como libro sagrado. Esta era la posición general de los mitnagdim (objetores al jasidismo), que también aceptaban la santidad del Zohar.

Hoy en día, la influencia del Zohar continúa sin disminuir, aunque las ramas del judaísmo (conservador y reformista) siguen luchando con su prominencia y posición en la literatura religiosa judía. Reconocen la belleza, la importancia y el contenido intelectual del Zohar.

Esto casi completa nuestra discusión sobre la Cábala, pero antes de pasar a la parte final de este libro, hagamos una breve parada en el mundo de la Cábala popular en su entorno moderno, donde encontraremos defensores como la diva del pop Madonna.

Capítulo 8: La Cábala se vuelve salvaje

Lo esotérico ha sido durante mucho tiempo una fascinación para la gente de las altas esferas. Durante la época victoriana, por ejemplo, a la alta sociedad le encantaba adentrarse en lo oculto, conjurando a los espíritus en elegantes sesiones de espiritismo y consultando tableros de ouija para saber cómo estaban los seres queridos que se habían ido.

Pero el entusiasmo por la Cábala en el mundo de los aficionados, las celebridades y el mundo laboral es casi un éxtasis en sí mismo. La historia se remonta a 1971 y a la creación del ahora internacionalmente difundido Centro de Cábala.

El Rav

Philip Berg y su esposa, Karen, estaban prácticamente sin dinero cuando se propusieron crear un recurso para que las mujeres y los no judíos pudieran experimentar una forma simplificada de Cabalá, abriendo el primer Centro de Cabalá en 1971 en la ciudad de Nueva York. En su apogeo, esta institución internacional de aprendizaje contaba con 40 centros repartidos por todo el mundo. Mientras ambos enseñaban y escribían libros sobre su versión de la Cábala,

Berg llegó a ser conocido como "el Rav". Confinado a una silla de ruedas tras un derrame cerebral, Karen y los hijos de la pareja tomaron las riendas. El rabino murió en 2013.

Asociado al Centro de Cábala está el brazalete de cuerda roja, que se usa para protegerse del áin hará (el mal de ojo). Cuando Madonna usó el brazalete y fue invitada habitual a la mesa de sabbat de los Berg, el movimiento creció exponencialmente.

En 2006, la célebre cantante colaboró con los Bergs en su organización benéfica, Levantando a Malawi, una agencia de ayuda que apoya a la nación del mismo nombre.

Y a medida que crecía la devoción de Madonna, también lo hacían los seguidores del Centro de Cábala. Madonna incluyó el brazalete de cuerda roja en sus mesas de venta en los conciertos, e incorporó artículos como los tefilín en sus vídeos musicales. También proporcionó un apoyo financiero continuo al Centro de Cábala. A Madonna le siguieron en el Centro de Cábala personalidades como Roseanne Barr, Sandra Bernhard, Mick Jagger, Jerry Hall, Britney Spears, Naomi Campbell, la diseñadora de moda Donna Karan, Elizabeth Taylor y Lindsay Lohan.

El problema de la espiritualidad pop

La versión de la Cábala que difunde el Centro de Cábala varía enormemente del impulso original del propio canon y de su interpretación a lo largo del tiempo. En lugar del noble proyecto de reparar la relación entre el Creador y el orden creado, el Centro de Cábala promete la realización de los sueños personales. Este enfoque sigue de cerca el de otras instituciones religiosas popularizadas, incluidas las iglesias cristianas que promueven la "teología de la prosperidad", que promete riqueza a los seguidores que obedezcan la fórmula confesional de la iglesia a través de diversas preguntas.

Pero el judaísmo tiene una vertiente similar de fe personalizada en los lubavitchers, especialmente en lo que respecta a sus esfuerzos evangélicos en la nación de Israel. La evangelización está prohibida en el judaísmo, y los interesados en unirse a la fe deben ser rechazados tres veces por un rabino antes de poder iniciar el proceso para hacerlo. Sin embargo, los "lubavitchers" son conocidos por distribuir artículos como cajas que contienen frascos de "agua bendita", bendecidos por el rabino (ya fallecido) Menajem Mendel Schneerson. Este proyecto se dirige a los judíos que son "solo de nombre" o de ramas del judaísmo menos prescriptivas, sobre todo en cuanto al orden de la vida cotidiana.

No lo habría creído si no hubiera visto una de esas cajas con mis propios ojos. Pero durante mi visita a la Tierra Santa en 2006, mis ojos recibieron la imagen del rabino Schneerson sonriendo en cada pared en blanco, en cada cabina telefónica, en cada superficie posible en la que se pudiera pegar un cartel.

Desde la muerte del rabino en 1994, sus discípulos han distribuido con entusiasmo el máyim jayím (agua viva), afirmando que una sola gota del agua milagrosa puede transformar el agua normal en máyim jayím. ¿Y por qué? Porque el "rabino lubavitcher" era, en su opinión, el esperado Mesías.

Un artículo publicado en 1996 en el periódico *Jewish News* de California del norte detalla algunas afirmaciones de sus discípulos en Jerusalén, donde el agua se distribuye desde el Beis Moshiach (Casa del Mesías). Se afirman curas milagrosas, al igual que Madonna afirmó una vez que un agua "milagrosa" similar ofrecida por el Centro de Cábala resolvería los "problemas nucleares del mundo".

Y para que no crean que el capitalismo tardío no era la fuerza motriz de los máyim jayím de los lubavitcher, deben saber que, en 1996, el Beis Moshiach no vendía el agua, sino que sugería una donación bastante considerable de 28 x 28 shekels (260 dólares). No es exactamente un precio atractivo para un pequeño frasco de agua.

Aunque Jabad Lubavitch caracteriza los mayimchaim como obra de una tendencia marginal bajo el paraguas de los lubavitchers y la práctica de la distribución ha sido condenada por el Tribunal de Jabad, fue 10 años después de la publicación de este artículo cuando vi ese artefacto en Tel Aviv, Israel.

El problema con la espiritualidad pop es que es una forma de populismo que toma la misma forma que la versión política. Aplana el componente intelectual de las prácticas y conocimientos asociados al discipulado, produciendo una ronda de pita insípida que solo sostiene al individuo y sus ambiciones. Promete milagros sin exigir introspección. En estos dos casos de apropiación indebida de la espiritualidad en pos de producir discípulos (y dinero), vemos a la Cábala reducida al estatus de una perla de plástico cuando es un diamante.

Prácticas cuestionables

Al enterarse de que Dios tenía 72 nombres, Britney Spears se tatuó uno en el cuello. Lo hizo por la afirmación del Centro de Cábala de que todos sus sueños se harán realidad si se medita en estos nombres.

Esta imagen narcisista de la espiritualidad se desvía de la gravedad de la Cábala como un sistema humilde de práctica intelectualmente informada que lleva al seguidor a la unión con Dios. Y eso no es una búsqueda egoísta. Más bien, esa unión se persigue en el proyecto universal de la Cábala – tikkun – la restauración total del orden creado para dar paso al Mesías prometido (que no es el rabino lubavitcher, según la mayoría de los testimonios).

El Centro de Cábala también afirma que ni siquiera es necesario que los seguidores lean o entiendan el Zohar. El simple hecho de tenerlo consigo es suficiente para protegerse del mal. Esta creencia reduce una de las obras más importantes de la literatura religiosa judía a la condición de colgante del mal de ojo.

Karen Berg ha llegado a afirmar que el Zohar es un "código de barras" del que se puede extraer significado y poder sin necesidad de entender las palabras del texto. Insiste en que solo con mirar el Zohar se puede participar en su mensaje divino. Compadece al pobre autor apócrifo, escondido en una cueva de los ocupantes romanos y garabateando en su oscuridad en la desolación. La arrogancia de tales afirmaciones es casi insoportable.

Y como descubrirían los Berg, toda la cuerda roja y el agua "milagrosa" del mundo no pueden salvarte de la ira de un Dios que no se burla.

La decadencia del Centro de Cábala

El Rav murió en 2013. En su levaya (funeral) estuvo notablemente ausente su alumna más famosa, Madonna. En 2011, la cantante se desvinculó del Centro de Cábala, cortando todos los lazos entre este y su organización benéfica Levantando a Malawi.

El problema era el gasto de casi 4 millones de dólares gastados en la construcción de lo que iba a ser una escuela para niñas, que nunca se construyó. Tras una auditoría, Madonna destituyó al consejo de administración y lo sustituyó por uno provisional. La auditoría reveló gastos escandalosos en conceptos como sueldos, cuotas de campos de golf y un coche con chófer para el presidente de la junta.

A raíz de la auditoría, la CIA y el FBI investigaron a la organización Raising Malawi por "malversación financiera" relacionada con los fondos desviados. En 2013, la organización benéfica fue demandada por dos donantes, alegando el uso indebido de 1 millón de dólares de su financiación y solicitando 40 millones de dólares por daños y perjuicios. Los demandantes afirmaban que el centro presionaba a los estudiantes para que "dieran hasta que les doliera" si querían recibir "la luz" (de la Cábala) Y en 2015, uno de los hijos de los Berg, Yehuda, fue acusado de causar angustia emocional a un estudiante y el Centro de Cábala fue condenado a pagar una indemnización de 42.500 dólares. Yehuda Berg fue condenado a pagar una indemnización de 135.000 dólares. Se alegó agresión sexual y suministro de drogas y alcohol. Posteriormente, Yehuda reveló que era adicto a las drogas y al alcohol.

El año pasado, Yehuda Berg fue entrevistado por la revista Vice News, expresando su interés en volver a establecerse como autoridad espiritual, incluso a la vista de todo lo que había ocurrido. Pero su último medio de apoyo espiritual, según él, será como consejero en materia de adicciones y gestión de crisis.

El Centro de Cábala, ahora despojado de Yehuda, sigue funcionando, supervisando 40 locales en América del Norte y del Sur, Europa, Oceanía/Asia, Oriente Medio y África.

Por muy instructiva que sea esta historia, tal vez sea apropiada la iluminación de este dicho del Talmud, que instruye: "Cuando un camello intenta conseguir cuernos, se le cortan las orejas" (Sanhedrin 106a).

Capítulo 9: Los jasidim asquenazíes – En las cenizas de las cruzadas

Antes de profundizar en el tema de los jasidim asquenazíes, es importante señalar que no se trata de un grupo ideológicamente coherente. Más bien, hay numerosas sectas de devoción en todo el movimiento mayor, organizadas en torno a personalidades rabínicas, algo que leeremos en este capítulo.

El ejemplo de la secta lubavitcher del último capítulo es solo un ejemplo de la diversidad inherente a este grupo de gran tamaño. Hoy en día, cuando oímos hablar de comunidades intransigentes como las de la ciudad de Nueva York, que se niegan a llevar máscaras y siguen celebrando grandes reuniones desafiando las prohibiciones de la ciudad y del estado, hay que recordar que estas acciones no son representativas del conjunto. Sin embargo, sí apuntan a la historia y a la respuesta de las comunidades judías a las amenazas que se les presentan.

El jasidismo asquenazí tiene una larga historia, y uno de los temas más importantes de esa historia es la adhesión de esta rama del judaísmo a la Cábala. Intensamente místicos, a la vez que intensamente legalistas, los jasidim nos aportan algunas de las historias más coloridas y fascinantes, de las que solo una parte se relata en *Cuentos de los jasidim*, de Martin Buber.

En primer lugar, vamos a explorar la historia y el desarrollo del jasidismo asquenazí. A partir de ahí, pasaremos a algunas cuestiones contemporáneas relacionadas y, tal vez, esclarecedoras.

El jasidismo medieval

Aunque el jasidismo asquenazí (el pietismo alemán) surgió en Alemania, sus raíces se exportaron desde Italia. La familia Kalonymos salió de Italia hacia Alemania, llegando en el siglo IX y floreciendo hasta el siglo XIII, en localidades a lo largo del río Rin.

Si ese nombre le suena a griego, está en lo cierto. El apellido Kalonymos se encuentra en Grecia, Italia y Provenza (Francia). En griego antiguo, significa "buen nombre", que es una traducción directa del hebreo "Shem Tov" (Shem - nombre, Tov - bueno). Más adelante en esta sección, verá cómo "Shem Tov " ocupará un lugar destacado en el desarrollo del jasidismo asquenazí.

Puede que una familia que emigra a otro país no le parezca gran cosa, pero la familia Kalonymos se convertiría en la base de lo que reconocemos como jasidismo asquenazí.

Aunque las raíces de la familia se remontan a la Italia del siglo VIII, el nombre también aparece en la literatura talmúdica (Avodah-Zarah 11a). Pero el nombre era muy común en la época medieval y no siempre indica una conexión familiar con esta familia fundacional, que es el locus classicus del jasidismo.

La familia Kolonymos era inminentemente culta, teniendo en su rango a rabinos, teólogos y autores. La influencia que ejercían era, por tanto, considerable. Esta familia iba a liderar las comunidades judías de Renania durante los terrores de las cruzadas. Especialmente durante la intensa persecución de los judíos en la primera cruzada y el caos de los siglos XII y XIII, cuando los cristianos continuaron su cruzada para controlar Tierra Santa.

En los siglos posteriores nació el jasidismo asquenazí, que combinaba la austeridad extrema con el misticismo. El movimiento pretendía llevar a los practicantes en situación de marginalidad a un estilo de vida más espiritual y religioso. Debido a las cruzadas y a todo el horror que estas supusieron para los judíos, el jasidismo surgió como una respuesta religiosa/espiritual que guiaba, trascendía y sanaba a las almas que experimentaban la manifestación del brutal antisemitismo.

Durante el primer período, surgieron tres líderes procedentes de la familia Kalonymos, concretamente: Samuel ben Kalonymos, Judah ben Samuel (el Piadso de Regensberg e hijo de Samuel ben Kalonymos), y Eleazar ben Judah de Worms.

Los tres habían traído consigo las tradiciones místicas de la Cábala tal y como existían en aquella época, incluyendo un intenso conocimiento del misticismo de la Merkabá. Pero su enfoque estaba arraigado en el amor a Dios y la humildad. En este primer estrato del jasidismo asquenazí, el ofrecimiento de penitencia era fundamental en su práctica, lo que daba al movimiento un aire de ascetismo extremo que no se vio en el jasidismo posterior.

Sefer Hasidim

El Libro de los Piadosos (Sefer Hasidim) es la base del jasidismo asquenazí ("Los piadosos de Alemania"). Detalla la vida devocional diaria de los judíos en Alemania durante la Edad Media. De la autoría de Judá ben Samuel de Ratisbona, recopila las enseñanzas de los tres líderes centrales del movimiento durante los siglos XII y XIII (los nombrados en la última sección).

Las enseñanzas expuestas en el Sefer Hasidim se centran en las enseñanzas ascéticas, místicas y éticas, tocando la práctica de la piedad, el arrepentimiento, el más allá, la recompensa y el castigo. Organizado en varios apartados, también detalla el ayuno y los días festivos, el pecado, el martirio y el estudio de la Torá.

El libro apareció por primera vez en hebreo a finales del siglo XII y principios del XIII en Renania, poco después de la segunda cruzada. Tras su introducción, se difundió ampliamente, ejerciendo una gran influencia en las prácticas tan peculiares de la comunidad jasídica alemana, que hablaba y sigue hablando una versión del "alto" alemán llamada yiddish. El Libro de los Piadosos también ha contribuido a establecer un marco para la ética judía mucho más allá de su entorno regional e histórico original. Desde 1538, se ha reimpreso en múltiples ediciones en diversos formatos, acompañadas de numerosos y detallados comentarios.

La principal influencia de los jasidim en esta época fue el Séfer Yetzirá, acompañado del Séfer ha-Bahir. Estas tradiciones místicas se introdujeron en la práctica jasídica a través de las enseñanzas del Sefer Hasidim.

Pero ¿qué acontecimientos dieron origen al jasidismo asquenazí? Sin duda, la brutalidad de las cruzadas fue fundamental para provocar el establecimiento de esta forma de pietismo judío. Al igual que los judíos se habían replegado sobre sí mismos tras la destrucción de los templos, este último grupo iba a buscar igualmente la presencia de Dios como bálsamo para el desastroso impacto de las cruzadas en las comunidades judías de Europa (especialmente en Renania) y de Tierra Santa. Comprender el impacto de las cruzadas es, por tanto, fundamental para entender de dónde procede el jasidismo asquenazí.

La primera cruzada

El 27 de noviembre de 1095, el Papa Urbano II predicó en Clermont-Ferrand, declarando que Dios había ordenado una guerra santa contra la fe musulmana para restaurar la Tierra Santa al control cristiano. Declarando "¡Deus vult!" ("¡Dios lo quiere!"), no había ninguna amenaza implícita en el discurso, uno de los más cruciales de la Edad Media. Pero los judíos de Francia no estaban convencidos y se pusieron a advertir a las comunidades de Renania del peligro inminente.

La ruta de peregrinación a Tierra Santa seguía tradicionalmente los ríos Rin y Danubio para esta época, y las comunidades ricas del Rin estaban directamente en la línea de fuego. Con los cruzados reunidos a lo largo de la ruta de peregrinación, Godofredo de Bouillon (1060 - 1100) juró vengar la crucifixión asesinando al mayor número posible de judíos.

Pedro el Ermitaño (cerca de 1050 - desconocido) fue una figura clave en la primera cruzada. Revolucionario y ardiente predicador populista, fue decisivo tanto para reclutar a los campesinos cristianos para la causa como para atraer a los fieles de Francia, Holanda e Inglaterra.

Cuando los cruzados llegaron a Colonia, los judíos no fueron molestados. Esto puede haber sido por la gracia de una carta entregada a Pedro el Ermitaño, ofreciendo suministrar a sus cruzados provisiones a cambio de dejar a las comunidades judías en paz.

Esta paz no duró más de un mes. El fervor de los cruzados fue ganando fuerza a medida que llegaban más y más, alimentando la indignación comunitaria de unos y otros, hasta llegar a un frenesí de sed de sangre por motivos religiosos. Las comunidades judías de la región sabían que era improbable que la promesa de Pedro se mantuviera ante semejante muchedumbre.

Los líderes de la comunidad de Maguncia enviaron entonces una delegación al emperador del Sacro Imperio Romano de la época, Enrique IV, quien inmediatamente escribió a los líderes de las filas de las cruzadas para que dejaran a los judíos en paz. Como seguro, las comunidades de Maguncia y Colonia ofrecieron un tributo al emperador. Mientras que los líderes de las cruzadas se inclinaban a seguir al emperador, la gente común que había sido incitada a unirse a ellas no era tan susceptible. Eran muy sensibles a la propaganda antisemita que se difundía en las filas de los cruzados reunidos.

El problema era que los elementos nobles de los cruzados creían que la disidencia era indeseable, teniendo en cuenta la naturaleza de las cruzadas. No querían ver a cristianos enfrentados a cristianos por el tratamiento de los judíos. Y así, entre las fiestas de Pésaj y Shavuot, la violencia comenzó y continuó, sin cesar, hasta el verano de ese año.

El 3 de mayo de 1096, la sinagoga de Espira fue rodeada por los cruzados. Ante la imposibilidad de entrar, la muchedumbre reunida atacó a los judíos que se encontraban en las inmediaciones, y once fueron asesinados. Uno de ellos era una mujer que se negó a convertirse al cristianismo y eligió el martirio. Esta era la opción que ofrecían los cruzados – la conversión o la muerte. En respuesta, resurgió la tradición del Kiddush ha-Shem (martirio por el nombre de Dios). Esta tradición había comenzado en la antigüedad en la fortaleza de Masada, en Tierra Santa, en el año 100 de la era cristiana, durante la cual los sicarii (asesinos) judíos y los residentes del lugar se suicidaron ante la victoria romana.

Más tarde, en mayo de 1096, la ciudad de Worms fue atacada de forma similar, primero matando a los judíos en sus casas y luego, en el palacio del obispo, donde habían buscado refugio, pero habían sido traicionados. Aproximadamente 800 judíos murieron durante este asedio, al haber elegido el Kiddush ha-Shem antes que la conversión al cristianismo.

A partir de ahí, las masacres continuaron, llegando a Maguncia y Colonia, continuando por Bohemia. Se registran aproximadamente 5.000 muertes de judíos. El escenario recuerda al moderno genocidio de Ruanda. Sobrepasados por los mensajes de odio que salían de la radio, 800.000 personas fueron asesinadas (la mayoría a machetazos) en solo 100 días. La sed de sangre incitada por el poder de las palabras dio lugar a la locura comunitaria. Esta misma locura llevó a los húngaros a detener a los cruzados, alzándose contra su desquiciada y genocida juerga.

Una vez derrotados los cruzados, los judíos de Renania y los de otras comunidades a lo largo de la ruta de peregrinación tuvieron que buscar entre los escombros y las vidas destrozadas de sus comunidades.

Al llegar a Tierra Santa en junio de 1099, los cruzados capturaron Jerusalén al mes siguiente, y Godofredo de Bouillon entró por el barrio judío. Uniendo fuerzas con los musulmanes, los judíos se defendieron y finalmente fueron empujados a las sinagogas, que fueron quemadas. Todos los supervivientes fueron vendidos como esclavos. Algunos de ellos salieron más tarde como personas libres gracias a los esfuerzos de los judíos italianos.

Mientras que la comunidad de Jerusalén fue aniquilada y no pudo regresar, Galilea quedó intacta. Pero tanto Ramleh como Jaffa fueron dispersadas, dejando la presencia judía en Tierra Santa como una mera sombra.

Segunda cruzada

La agresión contra las comunidades judías continuó de diversas formas en el periodo entre la primera y la segunda cruzada, con los papas de la época predicando fervientemente por una nueva cruzada. En 1198, Inocencio III prohibió los intereses de la deuda de los cruzados y exigió que se les devolviera todo el dinero ya pagado, lo que supuso un alto coste financiero para los prestamistas judíos.

Durante este periodo, los papas del Imperio romano tenían la propensión a adjuntar la palabra "cruzada" a cualquier interés que tuvieran, santificándolo así. Con los intereses financieros judíos bajo asedio, no pasó mucho tiempo antes de que la violencia comenzara de nuevo.

En el verano de 1146, comenzaron nuevos ataques a las comunidades de Renania. Estos se vieron avivados por la predicación del monje Radulph, que exhortó a los cruzados a vengar la crucifixión atacando a los judíos que se dirigían a Tierra Santa para atacar a los musulmanes.

Los ataques llevaron a Bernardo de Clairveaux (1090 - 1153) a señalar el error teológico en la asignación de la culpa a los judíos por parte de Rodolfo. Y aunque los disturbios en las comunidades judías por parte de los cruzados ya estaban en marcha, su intervención fue responsable de limitar en gran medida la carnicería a la escala de la primera cruzada, a pesar de los incidentes aleatorios, principalmente en Renania.

En toda Europa, los judíos pudieron denunciar sus falsas conversiones al cristianismo y volver a su religión nativa. Hacia 1147, la paz y el orden se habían restablecido, y las comunidades se habían vuelto a establecer a lo largo del Rin.

En Tierra Santa, los judíos se habían restablecido fuera de Jerusalén, mientras que pocos permanecían en la ciudad santa. Durante la segunda cruzada, se redujo en gran medida la racha de violencia experimentada en la primera.

En 1187, los cruzados cayeron en manos de Saladino, y de nuevo se preveía que los judíos de Europa pagarían el precio. Pero en 1182, el emperador Federico I prometió su protección, con un gran coste para los judíos de Renania en el pago del tributo. Las penas fueron emitidas de nuevo, implicando a los cruzados, tras las continuas amenazas a las comunidades judías en 1188. Pero las órdenes de protección imperiales dejaban a los judíos a merced del Imperio romano y sus cambiantes caprichos, creando una extrema incertidumbre.

Tercera Cruzada

La Tercera Cruzada, que tuvo lugar entre 1189 y 1192, surgió entre Inglaterra, Francia y el Sacro Imperio Romano Germánico para reclamar Tierra Santa a Saladino. Ricardo Corazón de León (Ricardo I, 1157-1199), recién coronado, proclamó su intención de participar. En toda Inglaterra, las comunidades judías fueron masacradas al por mayor.

En York, la nobleza local vio en la cruzada una oportunidad para desprenderse de sus deudas, masacrando a los judíos que permanecían en la ciudad, después de que muchos se hubieran refugiado en la torre del castillo.

El 6 de marzo de ese año, el rabino Isaac de Joigny vio que las cruzadas estaban de nuevo a punto de destruir al pueblo judío, y dijo a la comunidad que el Kiddush ha-Shem era preferible a la conversión forzada. 150 miembros de la comunidad prendieron fuego a sus posesiones y se suicidaron. Los que no lo hicieron fueron asesinados por la turba de cruzados. El libro de deudas fue destruido, logrando así las cínicas ambiciones de la nobleza endeudada.

Con el rey Ricardo fuera de las cruzadas, había poco que pudiera detener la locura genocida, pero no es que Ricardo fuera un personaje predispuesto. La comunidad judía de Europa había perdido la fe en Occidente y en sus violentas aventuras, y en 1211, 300 rabinos abandonaron Europa occidental rumbo a Tierra Santa.

Y no se equivocaron al hacerlo, ya que, en los años 1300, las cruzadas continuaron. Mientras la mayor parte de Europa era pacífica, en Francia, los pastoureaux (los "pastores") iban a continuar la sangrienta tradición en 1320. Una verdadera turba de 40.000 personas, con una media de edad de 16 años, marchó por todo el país, matando judíos sin miramientos. Aunque el papa Juan XXII excomulgó a todos los que podían ser identificados en esta cruzada de facto (no autorizada y no organizada), esta acción no sirvió de mucho para domar su ardor. Solo a lo largo del río Loira, estos gamberros destruyeron 120 comunidades judías.

Cuando los pastoureaux cruzaron los Pirineos hacia España, Jaime II de Aragón forzó la dispersión de la turba. Pero el daño a las comunidades judías de Francia y España había sido catastrófico.

Consecuencias

A pesar de la emisión de la Sicut Judaeis (bula papal titulada "Como los judíos") por parte del papa Calixto II (1119 - 1124), que ordenaba la protección de los judíos y que fue emitida en múltiples ocasiones entre 1199 y 1250, el antisemitismo de la iglesia permaneció intacto en sus doctrinas y predicaciones.

La animadversión histórica de la iglesia contra los judíos existía en Europa mucho antes de las cruzadas y, a pesar de los esfuerzos de los dirigentes por contenerla, estalló repetidamente en violencia y conversiones forzadas, prohibidas por el Sicut Judaeis.

Aunque el registro de las escrituras cristianas y la propia historia demuestran que los judíos estaban bajo el control del Imperio romano en el momento de la crucifixión y, por lo tanto, tan sujetos a la violencia ellos mismos como cualquier otra entidad ocupada, la afirmación de la hostilidad judía contra el cristianismo era omnipresente. Esto condujo a las reivindicaciones del libelo de sangre.

A partir del siglo XII, el libelo de sangre afirmaba que los judíos conspiraban para sacrificar a los cristianos – uno cada año - y que las víctimas se elegían en una reunión anual. Esto condujo a la masacre de Blois en 1171, donde todos los judíos que vivían allí fueron quemados en la hoguera en represalia por esta teoría conspirativa alimentada por el odio. En Alemania, en el siglo XIII circularon denuncias de libelo de sangre.

Las cruzadas, que continuaron hasta 1270, fueron ocho en total y, aunque se decía que el objetivo era el establecimiento del dominio cristiano en Jerusalén, el coste cobrado a los judíos de Europa y de Tierra Santa cuenta una historia de antigua animosidad. En el centro de esa animosidad estaba el resentimiento contra los judíos generado por su negativa a reconocer a Jesús como el Mesías prometido. Al mantener su identidad religiosa hasta la muerte, y negarse obstinadamente a convertirse al cristianismo, la animosidad contra los judíos no hizo más que crecer a lo largo de los siglos, salpicada por períodos de relativa seguridad y paz.

En este crisol nació el movimiento espiritual de los jasidim asquenazíes, que respondieron al mal del mundo que los rodeaba con un pietismo dedicado y casi separatista.

Capítulo 10: Elevándose en la piedad - Baal Shem Tov y el renacimiento jasídico

Nuestra historia del nacimiento del jasidismo moderno comienza con Israel ben Eliezer, que más tarde se llamaría el Baal Shem Tov (alrededor de 1698 - 1760), cuya abreviatura es "Besht" y significa "Maestro del Buen Nombre".

Considerado el fundador del jasidismo, el Baal Shem Tov cambió la esencia del judaísmo, reviviéndolo tras siglos de opresión. Su impacto se ha sentido en todo el mundo judío.

Después de que Renania sufriera bajo los cruzados, el judaísmo de Europa del este sufrió bajo los pogromos, que tuvieron lugar entre 1648 y 1649. Estos se cobraron la vida de decenas de miles de judíos.

Los pogromos también privaron a los judíos de la posibilidad de ganarse la vida decentemente, sumiendo a los supervivientes en la más absoluta pobreza. Ese patrimonio impidió a miles de jóvenes seguir una educación tradicional en el estudio de la Torá y el Talmud, dando lugar a una subclase judía devota, pero en gran medida inculta. El Baal Shem Tov nació en el seno de esta clase baja en la ciudad de Okop, situada entonces en la frontera polaco-rusa.

Debido a los humildes orígenes del Baal Shem Tov y a su importancia para el judaísmo moderno, existen muchas historias contradictorias sobre sus primeros años de vida, pero un detalle común en todas ellas es la pérdida de sus padres en la infancia.

Tras la muerte de sus padres, el joven Yisrael sería cuidado por la comunidad, y aunque no se sabe con precisión qué tipo de educación recibió en ese contexto, se puede suponer con seguridad que tuvo el mismo nivel de acceso a la educación que otros niños de su clase humilde.

Pero este niño era muy diferente a los demás. Cuando no estudiaba, se le podía encontrar vagando por la naturaleza. Se sabe que en su juventud tenía una vibrante relación con Dios. De esta raíz surgieron sus posteriores enseñanzas y filosofías, que ayudaron a establecer el movimiento pietista jasídico.

Cuando Yisrael llegó a la adolescencia (la joven edad adulta de la época), la comunidad se liberó de su responsabilidad sobre él, y comenzó a trabajar. Uno de sus primeros trabajos fue el de conserje de una sinagoga, lo que le abrió las puertas al estudio de la literatura judía, que devoraba. Pero se dedicó a ello en secreto, manteniendo un aire de humildad. Durante este tiempo, conoció el canon de la Cábala.

Una vez más, los detalles de la vida del Baal Shem Tov están rodeados de misterio, solo iluminados por el folclore popular. Se dice que se casó y que, al perder a su esposa, volvió a casarse poco después. Luego fue mantenido por su esposa mientras se dedicaba al estudio y a la adoración de Dios.

En 1734, a los 36 años, Yisrael se estableció en la ciudad de Tluste, Polonia, y reveló al mundo los conocimientos que había ocultado. Rápidamente, llegó a ser conocido como un sabio y, posteriormente, como el Baal Shem Tov.

Se trasladó a Medzeboz, en el oeste de Ucrania, donde se estableció y permaneció el resto de su vida. Aquí enseñó y predicó, basando la mayoría de sus enseñanzas en las de Isaac Luria. Sin embargo, el Baal Shem Tov hizo algo diferente para simplificar esas enseñanzas, haciéndolas accesibles a los judíos que no habían tenido la virtud de la educación. Además, hizo hincapié en la importancia de la tutoría y de mantener una relación estrecha con alguien que dominara la Torá. Además, enseñaba que, aunque importante, el estudio de la Torá no era el único medio para estar en relación con Dios. Para él, la presencia mediadora de un erudito era la forma en que los jóvenes judíos, que habían vivido en la privación educativa tras los pogromos, podían obtener todos los beneficios del estudio.

Este rechazo al elitismo educativo impulsó el crecimiento del movimiento jasídico en Europa del este y más allá. En el momento de la muerte del Baal Shem Tov, el número de seguidores jasídicos era de aproximadamente 10.000. Pero a partir de entonces, su influencia y la del jasidismo siguieron creciendo exponencialmente.

Solo conocemos las enseñanzas del Baal Shem Tov gracias a la diligencia de sus alumnos a la hora de registrarlas, especialmente el rabino Yacob Yosef de Polonoye (1710 - 1784). Autor de varios libros, es el principal responsable de la difusión de cientos de citas del Baal Shem Tov en sus escritos.

En el corazón de las enseñanzas del Baal Shem Tov está el amor a la nación de Israel y a su pueblo, y este corazón es también el del movimiento que fundó - los jasidim asquenazíes, un movimiento religioso que sitúa el amor, la humildad, la piedad y la alegría por encima de cualquier consideración mundana.

La campaña rusa de Napoleón (1769-1821)

Como acaban de leer en la historia del Baal Shem Tov, los judíos polacos de la época en que él nació habían sido despojados de cualquier vestigio de prosperidad por los pogromos que habían sufrido. Pero en la primera mitad del siglo XVIII, Polonia se partió, dividiendo las comunidades del país. Esto expuso a los judíos polacos a diversas influencias, como la rusa, la austrohúngara y la prusiana.

El jasidismo ya se había difundido por Ucrania, Polonia central, Galacia, Lituania, Bielorrusia y Hungría. Debido a los diversos contextos culturales en los que se interpoló el jasidismo, este es extremadamente diverso en sus expresiones, dondequiera que se encuentre.

Pero la Campaña rusa de Napoleón fue fundamental para el desarrollo del movimiento. Considerado por algunos miembros del movimiento como el Armagedón de la época, o la guerra de "Gog y Magog", veían el empuje de Napoleón en Rusia como el preámbulo de la venida del Mesías.

Los entresijos políticos de la región hicieron que algunos jasidim apoyaran a Napoleón y otros lo rechazaran. Esto llevó a la degradación de la autoridad rabínica, un pilar de la tradición judía. Se formó un vacío en el orden tradicional, al que se apresuraron los jasidim.

Y estaban preparados, habiendo establecido una estructura paralela al judaísmo tradicional, que se centraba en la relación entre los rabinos y sus sucesores. Este es el comienzo de las dinastías jasídicas, arraigadas en el carisma personal de los "tzadikim" (justos*)*.

Dinastías jasídicas

El discípulo del Baal Shem Tov, Yacov Yosef de Polonoye, y más tarde, Elimelech de Lizhensk (1717 - 1787) crearon la doctrina del "Tzadik", formando una base teológica para la estructura, que se extendió al orden social de las comunidades judías. Y al igual que el Baal Shem Tov había insistido en que incluso aquellos individuos que no habían alcanzado el dominio de la Torá podían ascender a una relación personal con Dios, el tzadikismo investía de autoridad al rabino. Mientras que el modelo de tutoría de Baal Shem Tov era personal entre el maestro y su alumno, el tzadikismo extendía esa relación a toda la comunidad de la que el maestro era el tzadik residente.

En este modelo, la gracia divina se extendía a la comunidad a través de la rectitud del tzadik, creando una sucesión dinástica a través de figuras de autoridad dentro del jasidismo, con enseñanzas explícitas, filosofías y reglas comunitarias que variaban de una comunidad a otra. Con la masa de seguidores descrita como "jasidim", el modelo de la propia comunidad dio lugar a la diversidad de pensamiento.

Las dinastías jasídicas comenzaron a denominarse según los lugares de nacimiento de sus rabinos. Por ejemplo, el "jasidismo vizhnitzer" recibió el nombre de la ciudad de Vyzhnytsia, en Ucrania, donde nació Menachim Mendel Hager (1830 - 1884), y el "jasidismo gerer" el de la ciudad de Gora Kalwari, donde nació el rabino Yitzchak Meir Rothenburg Aler (1798 - 1866).

Una de las dinastías jasídicas más importantes fue la del rabino Najmán de Bratslav (1771-1810). Como nieto del Baal Shem Tov, estaba profundamente involucrado en el jasidismo de los primeros tiempos, enfatizando el llamado de su abuelo a la santidad, la instrucción individual y la humildad. El rabino Najman es especialmente recordado por sus relatos, más tarde recordados por Martin Buber en Cuentos de los jasidim. Después de su muerte, Rabí

Najmán fue venerado por sus seguidores como el único tzadik. Hasta el día de hoy, esperan su regreso.

Y aunque la dinastía Bratslav es clave, no hay dinastía jasídica más conocida que la de los lubavitchers, de la que hablamos brevemente en el capítulo titulado "La Cábala se vuelve salvaje".

La dinastía Lubavitcher toma el nombre de la ciudad rusa occidental de Lyubavhichi, en honor al segundo rabino de la dinastía, que no nació en la ciudad (pero echó raíces en 1813). Fundada por el rabino Schneur Zalman de Liabi (1745 - 1813), esta dinastía se convertiría en una de las más influyentes.

Al experimentar conflictos con sus vecinos lituanos, el rabino Zalman publicó el Tanya, que significa "hemos aprendido" en arameo. En él, propuso un marco esotérico que combinaba el racionalismo rabínico tradicional derivado de las influencias cabalísticas con el misticismo jasídico.

Los lubavitchers se denominan jasidismo "Jabad", y combinan el misticismo judío con el judaísmo racional de forma vibrante y muy definida. La palabra "Jabad" se forma a partir de un acrónimo de tres de las sefirot del Árbol de la Vida, incluyendo Da'at (conocimiento - que no se incluye en todas las formas del Árbol con ese nombre). Las otras dos sefirot, que forman la raíz de la palabra, son Jojmá y Biná. Así pues, Jabad es la unión del conocimiento, la sabiduría y el entendimiento.

Al promover el "jasidismo racional", los lubavitchers respondieron a sus oponentes lituanos reduciendo (en esencia) la influencia del tzadik. Esto se consiguió manteniendo la autoridad del sabio, pero eliminando el culto a la personalidad asociado a los tzadikkim de las dinastías jasídicas y los aspectos mesiánicos. Las manifestaciones posteriores del jasidismo han alterado esta característica a lo largo del tiempo, como recordarán de nuestra discusión sobre el agua bendita supuestamente bendecida por el rabino Schneerson.

Sobre el Lubavitcher Rebbe, de esta rama del jasidismo, se puede ver fácilmente la estructura de su evolución moderna, por la cual tanto la importancia mesiánica del Rebe como su carisma han sido robustamente restaurados. Este movimiento moderno es intensamente renovador en todos los aspectos de su vida comunitaria. Profundizando en este tema, Jabad se dedica a la educación religiosa de los judíos, con un claro programa de promoción de su visión de la comunidad. Desde la perspectiva del misticismo judío y su apelación a la curación de la relación entre Dios y la creación, los lubavitchers se toman en serio la misión.

Los mitnagdim

Debido a la controversia sabateana del siglo XVII, en la que Sabbatei Zevi (1626 - 1676) fue presentado como el Mesías de Galilea en Tierra Santa y proclamado como tal por Natán de Gaza (1643 - 1680) en 1666.

Temiendo que se repitiera esa herejía relativamente reciente, los tradicionalistas desconfiaban mucho del jasidismo. Ello respondía a los sutiles cambios introducidos por el movimiento en aspectos como los tiempos de oración y la reordenación de las palabras en algunas oraciones. De estos cambios, el más significativo fue el que se hizo en la halajá (ley judía), relativo a un cuchillo utilizado para la carnicería kosher.

Ninguno de los cambios fue sustantivo, y la reacción de los representantes del judaísmo tradicional puede considerarse un tanto "mezquina". Pero los cambios realizados por los jasidim representaban una desviación suficiente de la tradición aceptada como para amenazar el orden existente.

Lo que más preocupaba al judaísmo rabínico tradicional era la posición del tzadik. El hecho de que este líder pudiera cumplir con las obligaciones religiosas en nombre de su comunidad se consideraba una profunda amenaza para la vida y la práctica de todos los judíos. Para reforzar esta posición, se percibía una falta de gravedad por parte de los jasidim en cuanto al ritual. También era problemático el hecho de que los jasidim no temían utilizar el licor para simular la sensación de unión con la divinidad.

En el corazón de esta innovación jasídica está la creencia de que Dios puede ser servido tanto por el yetzer ha-ra como por el yetzer ha-tov (los impulsos malos y buenos). Como hemos aprendido anteriormente en este libro, ambos impulsos están relacionados con la ruptura de las vasijas. El bien y el mal se mantienen en eterna tensión, para que el mundo no se desintegre por completo. Esto surgió con la filosofía propuesta de Yacov Yosef de Polonoye, que afirmaba que el tzadik debía encontrar dentro de sí mismo al menos una partícula de mala intención para "borrar" la culpa de sus seguidores. Incluso a través del tzadik, el decreto adelanta la redención en curso de la creación y la venida del Mesías. La apelación implícita al grave deber de un líder comunitario es aún más armoniosa y sorprendente desde el punto de vista filosófico. Al asumir la culpa de aquellos a los que dirige, el tzadik asume la responsabilidad de los jasidim de su entorno. Este es un punto importante que hay que recordar a medida que avanzamos hacia el jasidismo contemporáneo.

También estaba la cuestión del hábito de cantar y bailar en la vida de los jasidim, lo que levantaba las sospechas de los tradicionalistas, ya que esto no era una característica del judaísmo contemporáneo de la época.

Además, se veía con malos ojos que el carisma inherente a tales actividades hubiera sido posible gracias a las mujeres, que apoyaban los esfuerzos de los hombres con todo el trabajo doméstico necesario para una existencia tan ascética y centrada en la oración, paralela a las organizaciones sociales de sus comunidades.

El orden establecido creía que los jasidim eran una amenaza para la existencia continuada de los judíos en Europa, que atraían una atención innecesaria y que, en general, invitaban a un escrutinio no deseado por parte de las comunidades hostiles. La iglesia y su plebe no hacía mucho tiempo que los habían perseguido con cruzadas y pogromos hasta llevarlos a la pobreza y al colapso comunitario.

La oposición organizada a los jasidim surgió por primera vez en Lituania, liderada por el rabino Elijah ben Schlomo Zalman (1720 - 1797), conocido como el Gaón de Vilna. La crítica del Gaón de Vilna al jasidismo se centraba en el misticismo y en las expresiones extáticas fomentadas por el movimiento en el culto. Pero lo que más le preocupaba era la posición del rabino en las comunidades jasídicas y la ignorancia de los seguidores para los que actuaba el tzadik. Creía que esto representaba un abandono deliberado del estudio de la Torá como característica tradicional de la vida judía, de cualquier secta o movimiento.

Esto llevó al Gaón de Vilna a convertirse en líder de los mitnagdim ("opositores") de los jasidim en Lituania. Enfrentándose directamente al jasidismo de Jabad (los lubavitchers, otro aspecto fascinante), hizo que se prohibiera el movimiento en 1772. La prohibición se renovó en 1781 y se quemó toda la literatura asociada a Jabad. Esta disputa continuó y se exacerbó después de 1790, y tanto los mitnagdim como Jabad recurrieron a las autoridades seculares para que mediaran.

El conflicto perduró hasta bien entrado el siglo XX, rivalizando con los Hatfields y los McCoys en cuanto a la longevidad de la "partida de rencor". Pero al final se produjo un efecto de enfriamiento, mediado por el propio tiempo. Pero como los jasidim de Jabad aclararon la centralidad del judaísmo tradicional, con el tiempo se percibió que habían restaurado el tradicionalismo, centrando la Torá y el Talmud en su lugar apropiado en el contexto del movimiento. Pero lo cierto es que el verdadero fin llegó con el estado judío del zar Alejandro I en diciembre de 1804. En esencia, la orden del zar fue que todos los judíos tenían derecho a rendir culto siguiendo las directrices de su comunidad.

Pero los jasidim y el Gaón de Vilna pronto se convertirían en superpotencias judías conjuntas, uniendo fuerzas para derrotar la influencia secularizadora de la Haskalá.

Haskalá - La Ilustración judía

La Haskalá fue un movimiento social dentro del judaísmo a finales del siglo XVIII y principios del XIX, con precursores a finales del siglo anterior. La Haskalá abogaba por la integración de los judíos en la sociedad secular. Defendía la tesis de que parte de esta integración debía lograrse a través de la educación. La Haskalá defendía la singularidad e integridad del mundo judío. El movimiento surgió como respuesta a los cambios en la legislación discriminatoria contra los judíos. Estos cambios representaban numerosas oportunidades para un mayor papel en la sociedad y una existencia menos segregada para el pueblo judío.

Los defensores de la Haskalá, llamados "maskilim", plantearon a los jasidim un desafío a sus estructuras de desapego, meditación y devoción. Al igual que para los jasidim, los maskilim no se ocupaban de la "iluminación" por la que se interesaría cualquier judío devoto.

En Galicia (Polonia), hubo un esfuerzo deliberado (maskilim de Galicia) para ridiculizar y, por tanto, desalentar la práctica del jasidismo. El jasidismo crecía rápidamente en la región y los jóvenes se acercaban a él. Esto alarmó a los maskilim, que veían el jasidismo como una piedra en el camino hacia la iluminación.

Dirigidos por Yosef Perl (1773 - 1839), los maskilim de Galicia escribieron extensamente sobre los jasidim. También buscaron la ayuda del Estado con la esperanza de suprimir el movimiento ahora popular.

Las contribuciones de Perl a la literatura de la Haskalá son réplicas satíricas de libros venerados por los jasidim, que describen a los adeptos como judíos mutantes y deformes. Perl escribió repetidamente al gobierno para que actuara contra los jasidim. El ataque a una minoría visiblemente devota de su sistema de fe es impactante. La devoción de Perl a la Haskalá estaba arraigada en el deseo de desprenderse de todos los adornos tradicionales de su fe e integrarse. En ese deseo, incluyó inapropiadamente a todos los judíos vivos.

Aunque el gran movimiento de la Haskalá no puede caracterizarse únicamente por su antepasado gallego, es importante señalar su impacto en los jasidim de la época y la forma en que interpretaron los objetivos de los maskilim.

Los Hatfields y McCoys encuentran un propósito común

Si es consciente de que algunos jasidistas de hoy en día veneran la memoria del Gaón de Vilna, es posible que no sea capaz de entender por qué. La Haskalá es la respuesta a sus preguntas. Indignados mutuamente ante la más vaga sugerencia de ser absorbidos por la sociedad gentil, los mitnagdim y los jasidim unieron sus fuerzas para oponerse.

Rusia se vería afectada por la Haskalá de forma tardía. Esto ocurrió simultáneamente con el impacto de una segunda tendencia secularizadora, en el movimiento de la ciencia del judaísmo, a finales del siglo XIX. La ciencia del judaísmo consideraba que su misión era deconstruir la literatura religiosa judía a través de la lente de la ciencia.

Al igual que sus antepasados gallegos, los maskilim de Rusia escribieron piezas satíricas, siguiendo a Yosef Perl, describiendo el jasidismo con términos poco halagadores como "fanatismo". La ciencia del judaísmo se hizo eco de este ataque, calificando al jasidismo de haber "nacido en la penumbra".

El impacto de esta narrativa pública en las comunidades jasídicas de Rusia fue, como era de esperar, devastador. De repente, la tendencia más radical del judaísmo había sido calificada como una institución rígida del statu quo, dedicada al pasado y no al glorioso futuro de la Haskalá.

Las comunidades jasídicas se contrajeron en sí mismas, con la conspicua excepción de la Jabad. En estos acontecimientos se produce un declive temporal del jasidismo, que en su día había sido una respetada fuente de renacimiento judío, de intenso aprendizaje y de evolución teológica a través del misticismo del movimiento.

Pero en la unión de maskilim y jasidim se encuentra el moderno movimiento jaredí, del que los jasidim forman parte. Nuestro próximo capítulo explorará el resurgimiento del jasidismo asquenazí en el nuevo mundo.

Aunque fue marginado después de la segunda década del siglo XIX, el jasidismo no iba a ser aplastado. Se convertiría en una enorme tendencia y presencia en el judaísmo moderno debido a un conocido e infame acontecimiento histórico, del que hablaremos en nuestro próximo capítulo.

Capítulo 11: El Holocausto y el retorno de los jasidim

Les guste o no a los lectores, no se puede hablar de ningún aspecto del judaísmo moderno sin abordar el doloroso tema del Holocausto. El tema es agotador. Cuanto más se profundiza en el funcionamiento del Tercer Reich, más abrumado e indignado se siente uno por su maldad.

Como si el antiguo dios del inframundo, Mot, hubiera surgido en la tierra, acompañado de Baal, su sacerdote, y hubiera abierto sus fauces, el pueblo de Israel fue engullido, desapareciendo casi al completo de las ciudades y calles de Europa.

No es mi deseo horrorizar al lector con el Holocausto ni hacer que este libro se ocupe enteramente de él, pero hay que reconocer su importancia si queremos entender a los jasidim tras la Segunda Guerra Mundial y la manifestación de odio contra los judíos más organizada y sostenida de la historia.

Para los jasidim marginados, el Holocausto resultó ser un acontecimiento aún más crucial para su sistema de creencias que la destrucción de los antiguos templos, las cruzadas o los pogromos. El Holocausto fue la máxima expresión de odio, un acontecimiento de proporciones tan cataclísmicas que convirtió sus cenizas en una nueva expresión del judaísmo - a ultraortodoxia o jaredí. Este sería el paraguas bajo el que cayó el jasidismo, tras el final de la Segunda Guerra Mundial.

"¿Por qué no huyeron?"

Si me dieran un dólar por cada vez que he oído a alguien hacer esta pregunta, probablemente tendría que gastar todo el dinero en unos tapones para los oídos para no volver a oírla nunca más.

Los judíos de Europa estaban preocupados. Sabían, como leían en el Seder del Sabbat cada semana, que "en cada generación, se levantan sobre nosotros para destruirnos". Por las razones que han leído a lo largo de este libro, al proporcionar el contexto histórico para el desarrollo del misticismo judío y sus principales adherentes, los jasidim asquenazíes, los judíos de Europa estaban acostumbrados a vivir en entornos hostiles.

Sin embargo, a pesar de la creciente agresión contra los judíos ocasionada por la incesante retórica de Hitler y a pesar de la opresión de los judíos en respuesta violenta a la misma, nadie tenía idea de la magnitud de las persecuciones que se avecinaban. Nadie podía saber que un pogromo podría convertirse en un programa nacional de intento de eliminación de un grupo religioso identificable y de otros considerados "indeseables". Las mentes de estos judíos del siglo XX no podían concebir que todo un continente se viera envuelto en las llamas de un odio tan intenso que ideara nuevos métodos para eliminar a los judíos – no solo de sus shtetls – sino de la faz de la tierra.

Pero no solo los judíos no pudieron ver venir el Holocausto. A pesar de las crecientes campañas de Hitler de violencia retórica y física, de contención, de creación de guetos y de prohibiciones socioeconómicas, apenas se expresó la alarma a nivel internacional.

En el ilustrado y tolerante siglo XX (que llegó a distinguirse como el "siglo del genocidio", ya que el Holocausto fue uno de los muchos intentos de "limpieza étnica"), un genocidio a esta escala no podía ocurrir. La gente se había civilizado de sus impulsos más bestiales. Eso es lo que se creía en general sobre Hitler y su campaña antisemita contra los judíos, es decir, que era retórica y opresiva, pero no más.

Y por eso la mayoría no huyó. Habiendo visto la inscripción en la pared, solo unos pocos lo hicieron como una vez lo hizo el profeta Saúl.

Así que, por un momento, pónganse en su lugar y pregúntense por qué sus vecinos y amigos, a menudo gente bien educada, se disfrazaban y aceptaban la amistad y las confidencias de aquellos a los que veían como eliminaban. Esa es la impensable verdad.

¿Dónde estaba Dios?

"Dios está en casa. Somos nosotros los que hemos salido a pasear".

Meister Eckhart, (1260-1328), teólogo y místico cristiano

Imagínese que sobrevive a un acontecimiento como el Holocausto.

Quizá se haya despertado en la oscuridad, aplastado bajo el peso de numerosos cuerpos humanos. Se da cuenta de que son los muertos y que, para sobrevivir, debe arrastrarse para salir de debajo de ellos, aterrorizado de que los nazis vuelvan.

O tal vez le hayan sacado del campo de trabajo y le hayan llevado a la marcha de la muerte con un clima invernal de menos de 20 grados, ante el avance de los soldados libertadores aliados. No hay comida.

O tal vez ha sido testigo de cómo los nazis abandonan repentinamente Majdanek, atónito al saber que su pesadilla de abuso por parte del Estado ha acabado.

No es posible que ninguno de nosotros, que no estuvimos presos en los campos, comprendamos realmente la profundidad de los horrores que se infligieron a la vida humana dentro de ellos. Podemos arañar la superficie, y probablemente preguntarnos dónde podía estar Dios mientras se desataba toda esta monstruosa maldad sobre la tierra.

¿Acaso Dios había abandonado a los israelitas, cansado y enfurecido por su incapacidad para lograr la curación de la relación? Esto hizo que muchos judíos perdieran su fe tras el Holocausto. La destrucción de mundos enteros, de comunidades e incluso del potencial de pequeños bebés fue una monumental carga psíquica y espiritual comunitaria, que siguen soportando las generaciones posteriores.

Las esquirlas que atraviesan

Con las vidas de seis millones de judíos consumidas por el Holocausto, la comunidad judía europea quedó en ruinas. Muchos repudiaron cualquier fe en Dios. Para los jasidim, se trataba de un doble repudio.

Porque, junto con Dios, los jasidim se sintieron traicionados por los tzadekim. Teniendo en cuenta lo que leímos antes acerca de que el tzadik asumía la culpa de sus seguidores, es casi increíble que los líderes de esa tradición huyeran, abandonando a aquellos con los que una vez habían vivido como uno, en el liderazgo.

E incluso antes de que los rabinos huyeran, no habían sido capaces de detectar la llegada de otro asalto a los elegidos de Dios. Sus funciones como sabios y líderes se habían derrumbado ante la inminente aniquilación.

Los tzadekim jasídicos aconsejaron a sus seguidores que permanecieran en su lugar, desaconsejando la emigración a los Estados Unidos, que consideraban, en aquel momento, un país treyfe (impuro). También desaconsejaron la aliá (emigración a Tierra Santa) ante los llamamientos de Teodor Herzel para que los judíos regresaran (sionismo, al que se oponía la comunidad). Y, por último, los rabinos dijeron a sus seguidores que no adoptaran la asimilación o su apariencia para evitar ser detectados.

Los tzadekim dijeron a sus seguidores que se mantuvieran cerca de ellos, y eso es lo que ocurrió. Pero entonces, estos supuestos líderes huyeron para salvarse, dejando atrás sus comunidades condenadas. Entre ellas se encontraban los jasidim de Satmar, Gerer, Lubavitch y Belzer.

El centro más vital del jasidismo, Polonia, había sido casi completamente erradicado, y solo el 15% de los judíos polacos sobrevivieron a la guerra. Menos aún sobrevivieron los jasidim. El jasidismo de la posguerra estaba destrozado más allá de lo que muchos creían que era la esperanza de renovación o reparación.

Los que llegaron a Estados Unidos llegaron destrozados y empobrecidos, tras haber sido despojados de cualquier riqueza comunitaria por los voraces nazis. No tenían medios para desarrollar los recursos educativos que habían construido hasta tal punto en el viejo mundo ni para mantener un estilo de vida verdaderamente jasídico, separados de la influencia del mundo que les rodeaba mientras vivían en medio de él.

Y, sin embargo, como un milagro, el jasidismo volvió a resurgir de sus cenizas.

Diáspora de posguerra

Después de la guerra, el mundo respondió al horror del Holocausto creando el Estado de Israel, y muchos supervivientes judíos realizaron la aliá, incluidos los jasidim. Algunos jasidim fueron a Amberes (Bélgica), Montreal (Canadá) o Londres (Inglaterra) y establecieron comunidades. Pero muchos judíos se dirigieron al hogar de la Estatua de la Libertad, con su invitación a las "masas pobres y apiñadas" del mundo.

Y hoy en día, es en la ciudad de Nueva York donde se encuentra la mayor comunidad judía del mundo, fuera de Israel. La ciudad de Nueva York también alberga la mayor comunidad judía jasídica del mundo, con los representantes de algunas de las dinastías más conocidas e influyentes.

De los 250.000 jasidim que se calcula que viven en el mundo, 100.000 están en Nueva York, y el resto están dispersos por todo el mundo, algunos incluso en Rusia y Europa del este.

El Lubavitcher Rebbe llegó a la ciudad de Nueva York en 1940, lo que quizá explique el enorme número de jasidim lubavitcher que hay allí. La influencia de la organización Jabad, tanto en Estados Unidos como en el resto del mundo, es enorme. Su presencia en Israel es muy notoria, y la imagen del Rebe se ve en casi todos los sitios.

Los jasidim creen firmemente en el poder de la reproducción para restaurar lo que se ha roto (ya sea por el poder del Ein Soph Aur o por la maldad del hombre). La unidad familiar jasídica es, por tanto, grande. Una pareja jasídica suele tener hasta ocho hijos. Este es un factor que ha duplicado la población jasídica de la ciudad de Nueva York en solo 20 años.

Pero no es solo el fervor reproductivo de los jasídicos lo que ha aumentado su número. Los judíos no jasídicos se están acercando al jasidismo como una forma más auténtica de vivir una vida enraizada en la fe. Los lubavitchers tienen una fuerte tendencia a evangelizar a otros judíos menos ortodoxos (lo que significa "pensamiento correcto"), una característica única de sus creencias comunitarias.

Los jasidim en la ciudad de Nueva York

Los jasidim se han expandido solo recientemente a las zonas suburbanas, reproduciendo la vida de pueblo de Europa del este conocida por los pioneros del movimiento moderno. Porque en Nueva York, el impulso de la posguerra para reemplazar las vidas perdidas en el mundo judío durante el Holocausto ha impulsado una tremenda explosión demográfica entre los jasidim.

En 2012, el New York Times informó de que la comunidad judía de la ciudad había aumentado a 1,1 millones, con gran parte de ese aumento atribuido a las comunidades urbanas jasídicas y otras jaredíes (de las que hablaremos en breve). Sin embargo, en la década de 1950, la población de judíos de Nueva York era de dos millones, por lo que los jasídicos han afrontado un declive de forma bastante espectacular.

Alrededor del 40% de los judíos de la ciudad de Nueva York en la encuesta de 2012 que se detalla en el artículo se describieron como ortodoxos. Esto representa un aumento de aproximadamente 1/3, en comparación con el año 2002. Casi el 75% de los jóvenes judíos de Nueva York proceden de familias ortodoxas.

La historia de la reanimación desde la montaña de cenizas que dejaron los males del Holocausto parece casi milagrosa. Pero lo que cuenta es la cohesión de la comunidad, la perseverancia y el empeño por mantener las creencias transmitidas de generación en generación, de dinastía jasídica a dinastía jasídica.

El jasidismo, que en su día fue un grupo de chicos con chaquetas de cuero negro que se rebelaban contra el orden existente, se ha transformado en su última encarnación; ha resucitado con todas sus heridas en los adornos físicos de épocas anteriores. Rígidamente dogmáticos, políticamente activistas y decididos en sus ambiciones, los jasidim asquenazíes han cerrado el ciclo en nuestros tiempos.

Jaredí

Los jasidim y los mitnagdim, antes enemigos, opuestos a la Ilustración judía, se alían en respuesta. Esta alianza se convierte en el movimiento ultraortodoxo del judaísmo, que se materializa con más fuerza en Nueva York y Tierra Santa.

Apegados íntimamente a la tradición de la Torá, la vida de los jaredíes está marcada por el mantenimiento de las 613 mitzvot (mandamientos) y la observancia escrupulosa de la halajá (ley judía). Conocidos por su inusual vestimenta, son conocidos por varias características distintivas:

- Los hombres llevan grandes sombreros negros (que varían según las comunidades), con el pelo recogido y peinado con dos bucles, uno a cada lado de la cabeza (payot). La kipá (yarmulke) se lleva debajo del gran sombrero.

- Los hombres adultos llevan trajes negros, con un talit (chal de oración) visible y abrigos largos y negros, a veces de raso (rekel).

- Los hombres adultos se dejan la barba en cuanto les es físicamente posible.

- Las mujeres adultas van vestidas con austeridad, con faldas o vestidos largos, pero a veces a la moda. Está prohibido que las mujeres lleven pantalones.

- Las mujeres adultas se afeitan la cabeza después del matrimonio y llevan pelucas. La razón es que esto subraya el compromiso de fidelidad de la mujer.

- Algunas mujeres adultas llevan una redecilla o un pañuelo sobre la peluca.

Los roles tradicionales de género se asignan según el sexo, con el hombre en la posición de líder de la familia y la mujer como portadora y criadora de los niños, preparadora de la comida y cocinera y lavadora de botellas en general. Se espera que el hombre promueva la curación de la creación a través de las mitzvot, enseñe y aprenda, y promueva los intereses de la comunidad, a veces, políticamente.

La vestimenta distintiva y orientada a la religión de los hombres jaredíes se inspira en la de la nobleza polaca del siglo XVIII y no está impuesta por las escrituras, sino que está más relacionada con el entorno histórico que con los códigos religiosos. Incluso el largo abrigo negro asociado a los hombres ultraortodoxos se deriva de un decreto rabínico del siglo XVIII. Este decreto prohibía la vestimenta exterior de cualquier color, ya que tales galas podían incitar a los celos de los gentiles.

Ya sea de origen religioso o no, el estricto cumplimiento de los códigos de vestimenta jaredí se impone a través de la vigilancia comunitaria de las desviaciones y, a veces, bajo la disciplina rabínica de diversos tipos. Este rigor se relaciona directamente con la integridad de la comunidad, que se aparta de la sociedad no judía y no ortodoxa.

Los jaredíes y el trabajo

Debido a que la cultura jaredí se dedica al estudio de los textos sagrados, los hombres, tradicionalmente, no han trabajado. Aunque esto está cambiando rápidamente, la tasa de desempleo entre la comunidad jaredí en Israel y en Estados Unidos se ha convertido en una carga social, lo que hace necesario generar ingresos. Las mujeres jaredíes han satisfecho esta necesidad.

Teniendo en cuenta los roles de género asociados a la comunidad, esto parece una inversión de la normativa interna, pero ha cambiado la suerte de la comunidad.

Pero los jaredíes también están en una situación de desventaja única en el mercado laboral, por su parte, debido a la supresión de la educación secular. Educados solo en los entresijos de la literatura religiosa judía a partir de los 12 años, las oportunidades laborales tienden a limitarse, en su mayoría, a funciones de liderazgo religioso dentro de la comunidad.

Al dedicar hasta 12 horas diarias al estudio y debate intensos de los textos sagrados y la ley judía, el ideal del jaredí ultraortodoxo es vivir en un estado de separatismo religioso y de santidad mediante el mantenimiento de la halajá, manteniendo a la familia sin sentirse obligado a participar en la economía.

Los jaredíes de Israel, que son aproximadamente un millón, viven en gran medida de una combinación de ayudas estatales y del trabajo de las mujeres de la comunidad. Las mujeres jaredíes participan ahora en la economía israelí al mismo ritmo que las mujeres judías seculares. Pero, debido a la naturaleza de la comunidad, trabajan en empleos de menor remuneración, al carecer de los requisitos educativos básicos para poder realizar un trabajo mejor remunerado.

En Israel, debido a la intervención del primer ministro Ben-Gurion en 1940, los jaredíes no están obligados a presentarse al servicio militar. Creada para eximir a un puñado de religiosos, la legislación abarca ahora a más de 30.000 miembros de la comunidad. Esto supone un profundo cambio en el compromiso de la comunidad judía internacional con el servicio militar en Israel.

Con una tasa de natalidad media de siete hijos por familia, los jaredíes tienen una presencia cada vez mayor en Israel. Esto está generando tensiones que tienen su origen en el resentimiento generalizado por el estatus de los ultraortodoxos en la sociedad secular israelí. Con el aumento de la población jaredí, los israelíes cuestionan la influencia que ejerce el grupo en las cuestiones sociales. Esta minoría, a pesar de su distanciamiento del resto de la sociedad israelí, se ha manifestado con regularidad en la promoción de sus creencias sobre la legislación relativa a las normas nacionales que rigen el sabbat e incluso la institución del matrimonio.

Los jaredíes responden a ese resentimiento buscando alternativas. Por ejemplo, muchos trabajan en la Seguridad Nacional, ya que sus intensos estudios religiosos les preparan para el tedioso trabajo de peinar con precisión los documentos de la inteligencia israelí. Algunos jaredíes también se han convertido en empresarios tecnológicos en este próspero sector de la economía israelí. Como hemos leído en este libro, la PLN se empleó por primera vez en el proyecto de comprender el significado de los números en relación con el lenguaje (gematría) en los textos religiosos, por lo que parece bastante lógico.

Existe incluso una unidad única en el ejército israelí para los jaredíes que deciden hacer el servicio militar, que se adapta a las necesidades de la comunidad sobre el estudio y la comida kosher. Dentro de la comunidad, hay un cambio. Los jaredíes están descubriendo que el siglo XXI tiene exigencias que el siglo XVIII no podía prever. Aunque el cambio es lento, está surgiendo a medida que los jaredíes se integran gradualmente en la sociedad israelí.

Incluso existe una unidad única en el ejército israelí para los jaredíes que deciden servir, que se adapta a las necesidades de la comunidad sobre el estudio y la comida kosher. Dentro de la comunidad, hay un cambio. Los jaredíes están descubriendo que el siglo XXI tiene exigencias que el siglo XVIII no podía prever. Aunque el cambio es lento, está surgiendo a medida que los jaredí se integran gradualmente en la sociedad israelí.

Los jaredíes de Nueva York

Ya que estamos hablando de la misma comunidad con las mismas reglas, aquí me gustaría ofrecer un ejemplo contemporáneo de cómo las creencias de los jaredíes han chocado con las necesidades de la sociedad en la que viven, especialmente en Nueva York en relación con el COVID-19.

¿Por qué los jaredíes no cooperan con los protocolos de salud pública, lo que hace que el virus haga estragos en la comunidad a un ritmo incontrolable?

Es importante entender, en esta discusión, que los jaredíes no hacen uso de las telecomunicaciones modernas en la mayoría de los casos. No tienen televisión y no se permite el uso de Internet por lo general. La mayoría de los jaredíes, aunque utilizan teléfonos móviles, lo hacen de forma restringida, lo que impide el uso de funciones consideradas potencialmente peligrosas.

Al tratarse de una expresión religiosa separatista, la prohibición de consumir medios de comunicación privó esencialmente a los jaredíes de información sobre el virus cuando este se propagó por todo el mundo en febrero y marzo.

Y cuando el gobierno intervino en la negativa de los jaredíes a cumplir con los mandatos de la pandemia, la policía se involucró. Esto ocurrió tanto en Jerusalén como en la ciudad de Nueva York. Pero es el ejemplo de Nueva York el que ha recibido la mayor parte de la atención mediática.

El 28 de abril de 2020, el funeral de un prominente rabino atrajo a cientos de personas a las calles de Williamsburg, un barrio de Nueva York muy poblado por los jaredíes. La muerte del rabino estaba relacionada con el virus, pero debido al secretismo de los jaredíes, es difícil saber exactamente cómo.

El funeral y la multitud que asistió se vieron interrumpida por el alcalde de la ciudad de Nueva York, Bill de Blasio, que despreció abiertamente a la comunidad. Ya resentida, la respuesta de los jaredíes al virus COVID-19 ha elevado el nivel de hostilidad del mundo secular en la confrontación del separatismo jaredí. Ha puesto de manifiesto la inviabilidad de separarse en una metrópolis predominantemente laica.

Aunque los jaredíes no son ni anticientíficos ni antiintelectuales, están muy motivados para buscar aliados, y con el ascenso de Donald Trump, han visto un aliado de este tipo en su negativa a ajustarse a las normas impuestas por el gobierno, incluso si eso supone la pérdida de vidas en la comunidad. La firme insistencia del presidente saliente en no exigir máscaras ni distanciamiento social mientras el virus hacía estragos fue la justificación para que los jaredíes se negaran a cumplirlas.

Y esta negativa ha suscitado una gran atención a medida que la tasa de infección en Estados Unidos vuelve a alcanzar niveles alarmantes. Para los jaredíes, esta atención representa un prejuicio de los medios de comunicación que trabaja en conjunto con los prejuicios de la sociedad secular contra sus creencias y estilo de vida. En ella ven la destrucción de los templos, las cruzadas, los pogromos y, por supuesto, el Holocausto. Y la negativa de los jaredíes a cumplir con la ley se ha extendido más allá de la comunidad ultraortodoxa de Nueva York a las comunidades no ortodoxas de fuera de la ciudad.

Pero el incumplimiento de la comunidad jaredíes en el enfrentamiento de COVID-19 es más complejo que el mero antisemitismo. No importa si una comunidad vive aislada de la sociedad en general o no. La negativa a reconocer una emergencia de salud pública, ya sea por desinformación debido a la prohibición de las telecomunicaciones en los hogares jaredíes o por negarse voluntariamente a ver el peligro de un virus que puede provocar la muerte, trae consigo la calamidad para esa comunidad, pero a partir de sus propias creencias y prácticas.

Al igual que los rabinos jasídicos de la Europa de antes de la guerra aconsejaron a sus congregaciones que se mantuvieran cerca de ellos cuando la marcha del fascismo alemán amenazaba su propia existencia, los líderes jaredíes deben enfrentarse a su papel en la exposición de sus comunidades a este virus con el pretexto de defender la ley judía.

¿Dónde está el tzadik jaredí que encontrará el núcleo de culpa dentro de sí mismo para liberar a su comunidad y a otras de la sombra de la pandemia? Ese tzadik estaría honrando las tradiciones sobre las que se construye la cultura jaredí al dar prioridad y proteger así a la comunidad de la que es responsable.

La modernidad llama a la puerta

En el siglo XXI, los ultraortodoxos y los jasidim que ahora están bajo su paraguas, se encuentran en una encrucijada. A medida que sus comunidades crecen, chocan con los muros que han construido a su alrededor.

Esos muros, construidos al servicio de la prevención de la contaminación de la comunidad por el mal del mundo, no pudieron impedir que COVID-19 se colara al amparo de la oscuridad mundana más temida por los jaredíes.

En Israel, los jaredíes son menos del 10% de la población total y, sin embargo, son responsables de más del 40% de todas las infecciones.

Desafiando los cierres durante las fiestas judías, los jaredíes se han reunido en grandes grupos y han abarrotado las sinagogas, mientras que las escuelas ultraortodoxas han permanecido abiertas.

En Nueva York, el gobernador Cuomo respondió a los brotes centrados en barrios jaredíes como Borough Park cerrando sinagogas y negocios no esenciales. Como resultado, las protestas de los ultraortodoxos sacudieron Borough Park durante tres noches consecutivas en octubre de 2020. Como parte de las protestas, se prendió fuego a máscaras, lo que implicó a un centenar de manifestantes jaredíes, que originalmente estaban allí para asistir a un mitin de Donald Trump. Un hombre que grababa la manifestación fue golpeado hasta quedar inconsciente por la turba enfurecida.

Si bien la historia nos informa de la reticencia de los jaredíes a someterse a la autoridad mundana, también está implicada la resuelta ingenuidad de las comunidades a la hora de aceptar que el gobierno tiene en cuenta sus mejores intereses. También hay una reticencia a relacionar la salud de sus comunidades con la de las comunidades no ortodoxas y no judías con las que comparten la ciudad.

Lejos de los shtetls del siglo XVIII de Europa del este, Nueva York es una ciudad de alta densidad. Estar apartado, aunque sea una parte religiosa obligatoria de ser jaredí, es una hazaña en un entorno así, y esa es la llamada de la modernidad a la puerta de la ultraortodoxia.

Esto ha quedado muy claro en el reciente aumento del COVID-19 en las zonas ultraortodoxas de Nueva York, concretamente en Brooklyn y Queens. Aunque solo representan el 7% de la población de la ciudad, más del 25% de las nuevas infecciones se producen entre los jaredíes. Y mientras la tasa de infección en el estado de Nueva York se sitúa en torno al 1%, en estos focos comunitarios la tasa de infección es del 5%.

Para los jaredíes, la palabra y la instrucción del tzadik lo son todo. Desde la interpretación del mundo a través de la lente de la halajá, son los líderes de las comunidades reunidas bajo el paraguas jaredí quienes marcan el tono y el ritmo de las respuestas comunitarias a crisis como estas.

Pero si los tzadikim ignoran la necesidad de proteger a sus comunidades, al igual que hicieron antes de la Segunda Guerra Mundial, esta versión de la modernidad y el peligro que ha traído consigo pueden volver a destruir el templo. Cuando el templo vive en el pueblo, ¿dónde más se puede construir?

Conclusión

Espero que haya encontrado la información que busca en este libro. Aunque su alcance es reducido, he intentado incluir todo el contexto y la información posible para presentar el misticismo judío, sus textos y a la comunidad responsable de su difusión.

También espero que no deje de buscar, ya que el mundo del misticismo judío es muy amplio. Imagínese que los jaredíes dedican hasta 12 horas diarias al estudio de la halajá, una disciplina que practican durante toda su vida. No hay nada sencillo en este rincón del judaísmo. Es complejo, pero también es increíblemente gratificante e iluminador.

Les agradezco su lectura. Ahora, les dejo con las palabras del Baal Shem Tov, fundador del jasidismo asquenazí.

"Tu prójimo es tu espejo. Si tu cara está limpia, la imagen que percibes también será impecable. Pero si miras a tu prójimo y ves una mancha, es tu imperfección la que estás encontrando - se te está mostrando qué es lo que debes corregir dentro de ti".

Vea más libros escritos por Mari Silva

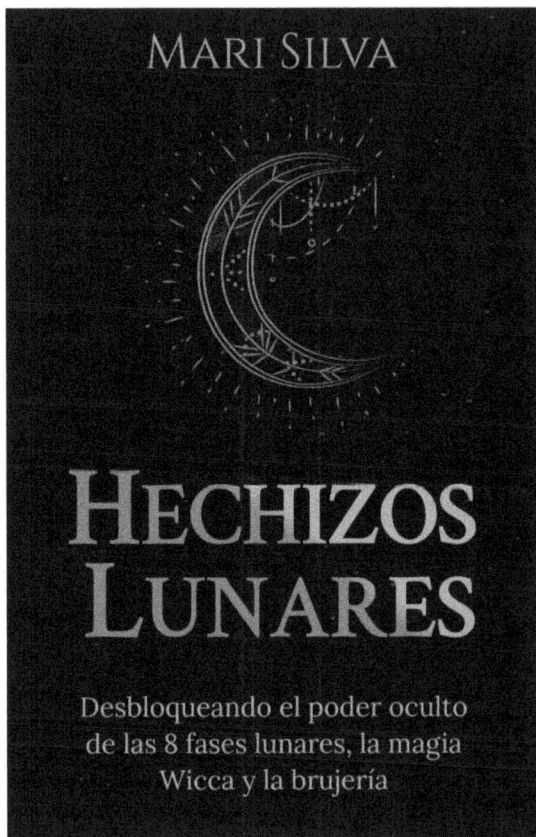

Fuentes

Misticismo judío. (n.d.). People.Ucalgary.Ca.

https://people.ucalgary.ca/~elsegal/RelS369/B04c_MedievalMysticism
.html

Judaísmo - Séfer Yetzirá. (n.d.). Enciclopedia Británica. Extraído de:

https://www.britannica.com/topic/Judaism/Sefer-yetzira

ResearchGate | Comparte y descubre la investigación. (2019).
ResearchGate; ResearchGate. https://www.researchgate.net/

(N.d.). https://www.amazon.com/Trends-Jewish-Mysticism-Gershom-
Scholem-ebook/dp/B004JHYSCQ/ref=sr_1_5

www.ingramcontent.com/pod-product-compliance
Lightning Source LLC
Chambersburg PA
CBHW071900090426
42811CB00004B/687